U0558570

没有好的制度，这是公司的灾难
——马 云

靠制度管人
不靠人管人

KAO
ZHIDU
GUANREN
▶ BUKAO ◀
REN
GUANREN

提高执行力、增强凝聚力、提升领导力，
教你打造精英团队

▶ 志 朝◎著 ◀

台海出版社

图书在版编目（CIP）数据

靠制度管人，不靠人管人／志朝著.—北京：台海出版社，
2017.5

ISBN 978 - 7 - 5168 - 1381 - 2

Ⅰ.①靠… Ⅱ.①志… Ⅲ.①企业管理 - 人力资源管理
Ⅳ.①F272.92

中国版本图书馆 CIP 数据核字（2017）第 089468 号

靠制度管人，不靠人管人

著　　者：志　朝

责任编辑：高惠娟　贾凤华　　　装帧设计：天下书装
版式设计：天下书装　　　　　　责任印制：蔡　旭

出版发行：台海出版社
地　　址：北京市东城区景山东街 20 号　邮政编码：100009
电　　话：010 - 64041652（发行，邮购）
传　　真：010 - 84045799（总编室）
网　　址：www. taimeng. org. cn/thcbs/default. htm
E - mail：thcbs@ 126. com

经　　销：全国各地新华书店
印　　刷：北京彩虹伟业印刷有限公司
本书如有破损、缺页、装订错误，请与本社联系调换

开　　本：880 × 1230　　　　1/32
字　　数：200 千字　　　　印　　张：9.5
版　　次：2017 年 9 月第 1 版　印　　次：2017 年 9 月第 1 次印刷
书　　号：ISBN 978 - 7 - 5168 - 1381 - 2
定　　价：49.00 元

管理，到底管什么？简单一句话，管理就是"管人"和"管事"。过去我们管理企业靠"人治"，即人管人。然而人治往往缺乏民主性，决策容易失误，人际关系容易紧张；人治过不了人情关，奖亲罚疏，任人唯亲是常有的事；人治无章可循，大家全凭个人想法来办事……可见，"人治"远不如"法治"。用制度管理公司、规范员工，才是企业"定江山"的法宝。

　　俗话说："没有规矩，不成方圆。"治理国家离不开"法"，管理企业同样离不开"法"。对企业来说，"法"就是企业的规章制度。有了规章制度，管人管事、奖罚激励、职位晋升才有了依据，大家该干什么、该怎么干，遇到问题该怎样处理，才会有章可循。如此一来，管理就走向了规范化、流程化、严谨化、公正化。

　　用制度管人，前提是要有一套科学合理的规章制度。只有保证规章制度科学合理，才能做到防微杜渐，把好"入关口"。那么怎样才能制定出科学合理的制度呢？这就要求管理者多了解企业的实际情况，多让大家参与，并做到与时俱进，决不墨守成规，避免让陈腐的制度浇灭了员工的激情。

　　用制度管人，关键在于贯彻落实制度。再好的制度，如果只是挂在嘴边，而不去执行，或者执行了但没有落实到位，那么制度就会成为一纸空文，管理也就成了纸上谈兵。执行力是决定企业成败的重要因素，没有执行力，企业就没有核心竞争力。通用电气、IBM、微软、戴尔、松下电器等企业之所以成功，与其杰出的执行能力有必然的关系。为了让制度落实到位，管理者不仅要严抓执行，还需从自身做起，为员工树立榜样。

用制度管人，还要重视检查和监督。没有检查和监督，你就不知道公司的规章制度落实得怎么样，你就不知道谁钻了制度的空子，谁绕开了规章制度牟取私利，更不知道制度存在哪些不足。所以，检查和监督要经常化、细致化、严格化，做到一视同仁，杜绝敷衍了事、搞形式。同时，还要坚持"有法可依，有法必依，执法必严，违法必究"，对于有制度不遵守、有规定不遵循的行为，坚决做到"及时处理，严惩不贷，以儆效尤"，这样才能形成良好的风气，让员工看到制度的威力。

用制度管人，体现了管理的严格化，但并未否定管理的人性化。制度与人情并不矛盾，制度无情人有情，因为制度是死的，人是活的。在现代企业管理中，领导者往往态度强硬，严明公正、不徇私情，可是这不能成为管理者对员工冷漠的借口。员工也有七情六欲，也需要理解和关心。因此，在用制度管人、按规章办事的过程中，管理者要体现出对员工的尊重，多与员工沟通，给予员工充分的信任，从而充分调动员工的积极性。

身为管理者，在重视用制度管人的同时，也不能忽略企业文化的建设，要重视人文关怀，重视打造公平、平等的企业文化氛围。尤其是在企业无法触及的地方，多用企业文化来影响人、感染人、约束人，做到制度与文化相结合，制度管理与以人为本相结合，这样企业才会保持蓬勃的战斗力，朝着更高、更远的目标迈进。

▶ **Chapter 第一章**

别让不健全的制度毁了你的团队

▶ **Chapter 第四章**

制度执行不讲如果， 只讲结果

▶ **Chapter 第七章**

制度要严格化，管理要人性化

▶ **Chapter 第十章**

管人是管理之本，管心是管人之本

▶ **Chapter 第十一章**

管得越少，成效越好

▶ **Chapter 第十二章**

制度管人必须跨越的 16 个误区

第一章
别让不健全的制度毁了你的团队

　　车水马龙的道路如果没有红绿灯的规范，就会陷入混乱；公司如果没有制度的约束，就无法正常运转。身为企业的管理者，要想保持企业的稳定发展和高效运营，就必须建立一套合理的制度。用制度管人，按制度办事，只有这样，才能让"坏"人在好的制度约束下不敢做坏事，慢慢地变成好人，而让好人在制度的保护下，能够充分发挥自己的激情和干劲，为企业的发展注入无穷的能量。

1. 你不讲制度，员工就会跟你讲条件

国有国法，家有家规。任何一个企业都应该有自己的一套规矩，而这一套规矩，就是公平合理的企业制度。如果你不用制度管人，而是用人情管人，那么员工就很可能跟你讲条件，这样你就很难服众了。

蔡先生是北京一家公司的老板，小颖是他的助理。小颖是来自山西贫困山区的苦孩子，当初聘用她时，就是考虑到她的家庭实际情况（父亲早逝，母亲下岗，还有一个弟弟要上学），加上她能吃苦耐劳，蔡先生在她进入公司时直接按照正式员工的标准给她发工资。当时公司其他的管理者认为蔡先生这是妇人之仁，太过于讲人情，没有按公司的制度办事，这样不利于管理公司。可是蔡先生不以为然，两个月后，果然出了问题。

因为蔡先生提前给小颖转正，让她享受了正式员工的待遇，所以，两个月后，她的工资没有继续涨。可是小颖不满意，她说了很多理由，说她一个人干了好几个人的工作，特别辛苦。蔡先生只好对她表示理解，但是这个岗位只能有这样的薪资水平，蔡先生没法给她加薪。否则，会引起大家的不满。考虑再三，他对小颖说："这样吧，我把你个人出的保险费报销了，相当于每个月给你涨了 200 元工资，你觉得怎么样？你要想涨工资，也只能等半年以后了，毕竟你的资历太浅。"小颖答应了。

随后的一个月，小颖在工作中频繁出错。蔡先生听说她的母亲要来北京，以为她是受家庭琐事的干扰，所以没太在意。当时公司的生意正转入旺季，急需人手，其他事情也特别多。在这个节骨眼上，小颖又找到蔡先生，要求涨工资。小颖似乎觉得自己不可替代，觉得自己的价值没被发现，要求公司每个月给她涨500元工资。这让蔡先生非常恼火。

后来蔡先生和财务经理、销售经理、物流经理商量，他们都觉得公司给员工的待遇应该按照公司的薪资制度、奖励制度来定，而不应该任凭员工讲条件。最后，蔡先生辞掉了小颖。

蔡先生作为一家公司的老板，在员工的工资问题上不遵照公司的薪资制度，而是和员工讲人情。没想到，他对员工的照顾没有换来员工的理解，员工却屡次和他谈条件，要求涨工资。这真可谓是"好心被当成了驴肝肺"。这个案例告诉我们，你不和员工讲制度，员工就会跟你讲条件。

其实，中国人最爱讲人情，尤其是在员工犯错的时候，老板很喜欢说"下不为例"。可是，有了"下不为例"，就会有第二次、第三次。作为企业的老板，一定要认识到：在制度合理的前提下，如果你法外开恩，那么就会为制度的推行埋下地雷。

古话说："没有规矩，不成方圆。"这句话充分说明了制度、秩序、规则的重要性。如果企业缺乏明确的规章制度，那么工作中就很容易出现问题。如果企业有制度，但是却不按制度执行，制度就会成为一纸空文，对员工根本无法产生约束力。

一般来说，有制度不严格执行，却制度之外开恩，会造成诸多不良的后果。比如，造成员工职责不清。很多企业都有制度，但是却不按制度执行，这就很容易造成某项工作好像谁都在负责，但实际上谁都没有真正负责。于是，两个部门对一项工作纠缠不休、相互扯皮，使原本有序的工作变得无序，造成了极大的浪费。

为了避免员工和你谈条件，你一定要把公司的规章制度严格地推行下去，让每个员工按照制度去办事，避免造成管理的无序，对员工的积极性造成消极影响。在这一点上，《红楼梦》中的王熙凤就做得很好。

在《红楼梦》中，有这样一个故事：

宁国府贾蓉的媳妇秦可卿死了，宁国府内要办理丧事，每天前来吊唁的人络绎不绝，里里外外的事情非常杂乱、非常琐碎，因此需要一位有管理才能的人来做总管。贾蓉的父亲贾珍觉得荣国府的王熙凤堪当此任，就把她请来料理宁国府的丧事。

王熙凤接受了这一邀请，她来到宁国府之后，做的第一件事就是建立人事管理制度。她让每个人都有具体的事情可做，各司其职，互不推诿，谁去执行，谁去监督，都有明确的分工。如果没有干好，怎样处理，制度上都写得清清楚楚。

接着，王熙凤又建立了考勤制度和物品管理制度，她规定：什么时候点名，什么时候吃早饭，什么时候领物品，什么时候请示，都非常清楚。由于建立了人事、考勤、物资等制度，避免了办理丧事过程中无头绪、忙乱、推诿、偷懒等弊端。就这样，一两百人的工作群体，在这些规章制度的管理下，都变得井然有序。

个人的智慧、水平是有限的，而且很多人对别人的能力往往又不太认同，都认为自己聪明能干，所以不太容易服从别人。因此，如果单纯地"人管人""人治人"，就很容易产生各种各样的弊端。

"人治"带有明显的随意性、主观性，缺乏科学性，员工很难适应；"人治"有很强的专制色彩，缺乏公平性、民主性，很容易导致决策失误，也容易造成管理者和员工的关系紧张；"人治"是以人为主的，很容易出现"一朝天子一朝臣"的现象，员工很可能去巴结管理者，不利于"人和"；"人治"往往难过人情关，因为人与人之间，有亲疏远近的关系，一旦发生"奖亲罚疏，任人唯亲"的事情，管理者就会失去威信，团队也会失去凝聚力。

所以，人治不靠谱，建立企业制度，凡事以制度为准，才是最靠谱的。看看战场上，军纪严明、众志成城的军队，总能打败纪律涣散的乌合之众。同样的道理，企业也需要严格的管理制度，有了合理的制度，员工的工作效率才有保障，企业的长远发展才有保障。

2. 一个成功的团队，需要一个成熟的制度

俗话说："打天下容易，守天下难。"当企业经历了创业的艰难期，在市场上站稳脚跟之后，管理者们开始意识到：用创业时管人管事的方法来管理企业已经行不通了。于是他们迫切需要一个公平合理的企业制度来规范企业，因为优秀的企业

制度才是成就伟大公司的保障。

在如今这个日新月异的时代，企业的外部环境时刻都在发生变化。因此，企业的制度也应该与时俱进，根据企业内外部环境的变化，适时地进行调整，使其更符合企业发展的需要，这样才能保证企业获得长足的发展。

杜邦公司创立于1802年，至今已有200多年的历史，是世界500强企业中寿命最长的企业之一。它的长寿与杜邦家族不断进行制度调整、改革、创新有直接的关系。

在杜邦公司的发展早期，公司的管理明显带有个人英雄主义色彩，公司所有事务都由创始人亨利·杜邦一人说了算。这种管理模式持续了39年，并且取得了不错的效果，但是当亨利卸任之后，杜邦公司由于缺少优秀的制度，马上陷入了混乱。由于继承人管理经验不足，公司效益迅速衰退，差一点就倒闭了。

面对危机，杜邦公司废除了个人决策的管理模式，制定了集团式的管理模式。杜邦家族成员不再事必躬亲，而是让执行委员用制度去管理公司。这样大大提高了管理效率，促进了公司的发展。在杜邦公司后来的发展过程中，公司结合客观环境的变化和企业发展的需要，适时不断调整和完善公司制度，从而保证了杜邦公司获得持久发展。

从最初的个人英雄主义，到后来的用制度管理公司，这是杜邦公司的一大进步。在杜邦家族的历史上，不乏响当当的大人物。但是，200多年过去了，有多少人还记得他们？现在杜邦的员工却在公司制度的规范下，持续不断地前赴后继，为公司做贡献。这说明打造一个伟大的企业离不开优秀的制度。

作为一个管理者，你是否有时会感到焦头烂额呢？由于员工不规则的操作，或其他琐事，你是否会烦恼呢？其实，要想消除这一切烦恼，你只需要一个完善合理的制度。它就像一把锋利的剑，可以为你斩断一切纷扰。合理的制度可以使企业纷繁复杂的事务处理起来变得简单，你再也不需要在琐事上投入大量宝贵的时间。

其实，对任何一个企业来说，用制度管理公司，并不断创新和完善制度，才是企业"定江山"的法宝。管理者一定要认识到完善合理的制度对企业发展的意义和作用。

完善合理的制度维护了公平与正义，使员工感到制度是对事不对人的，这样他们更愿意遵守制度，自觉地维护制度。这是打造和谐团队的根本。由于制度公平合理，管理者再也不用因人为管理造成的不公平而烦恼。

完善的制度体现了公平，维护了正义，使员工获得一视同仁的对待，这样可以提高员工的工作效率。在竞争激烈的今天，员工的工作效率提高了，企业的生产效益就会大大提升，企业的综合竞争力也会水涨船高。

3. 一套好的制度比多几个人管理更有用

邓小平同志曾精辟地论述了制度的重要性，他说："制度好可以使坏人无法任意横行，制度不好可以使好人无法做好事，甚至走向反面。"用制度来管理企业、解决问题，是一项比"人治"更重要的管理之策，是一项更具稳定性、长期性和根本性的管理之道。

很多企业在创立之初，由于创始者的能力和个人魅力出众，即使没有规范的企业制度，他们也能带领企业走向某一发展高度。然而，当他们卸任之后，如果企业依然没有规范的制度，那么新任的领导者就很难带领团队超越创始者，而且很容易走下坡路。即使企业多聘请几个能力出众的管理者，如果没有一套完善合理的制度，也难以经营和管理企业。

相比之下，有些企业在创办之后，有一套完善合理的管理制度，无论企业接班人、管理层如何更替，无论企业经历了怎样的风浪，只要企业按照这套制度去管理，并随着企业的发展，不断完善这套制度，也能一步步地发展壮大。所以说，一套完善合理的制度，比多几个人管理企业更有效，完善合理的制度才是真正的老板。

17 至 18 世纪，英国船只经常押送犯人到澳洲，当时私营船主是按上船的人数收钱的。由于每艘船运送的犯人数量过多，船上的生存环境恶劣，加上船主为了多赚钱，克扣犯人的食物，导致很多犯人因饥饿、患病在中途死去。更残忍的是有些船主还会虐待、毒打犯人，甚至干脆将犯人扔进大海里。

后来英国政府制定了一项新规定：按活着到达澳洲的犯人人数付钱给私营船主。这一下，船主们马上绞尽脑汁，千方百计地让犯人活着到达目的地。从那以后，犯人中途死亡率大大降低了，最高死亡率只有 1%，而原来最高死亡率竟高达 94%。可见，不好的制度会把"活人"变成"死人"，而好的制度能把"死人"变成"活人"。

有一家降落伞制造厂，其产品的不合格率一直高居 2%，公司换了好几任总经理，也无法降低产品的不合格率。后来，一位新上任的总经理颁布了一道命令：从今天开始，全体员工立即停工，从管理者到普通员工，全体赶赴跳伞训练场，使用我厂生产的降落伞接受跳伞训练。此外，公司进一步规定：从今以后，凡是我们生产的降落伞，在出厂之前，都要抽样由工人轮流试跳。这项规定一经发布，该厂降落伞的不合格率马上下降为零。

可见，不好的制度会使企业遭遇发展的瓶颈，走向山穷水尽，好的制度可以使企业迎来柳暗花明，走向充满希望的春天。"把坏人变好人"的制度能造就伟大的公司，而一个腐朽没落的制度只会把聪明人变笨、把勤劳人变懒。

管理企业和员工，靠的是制度。好制度才能激励员工，才能保持员工的积极性，使坏人干不了坏事，并不得不做好事。时间长了，坏人就变成了好人，这就是最伟大的制度。

4. 陈腐的制度会浇灭员工的工作激情

经常使用电脑的人，都会每隔几天用杀毒软件查杀一下电脑是否有病毒，看杀毒软件是否需要更新。如果杀毒软件不能及时更新，那么出现新的病毒之后，旧版的杀毒软件可能无法查杀，电脑就存在瘫痪的隐患。

公司的制度就像杀毒软件一样，需要不断地更新换代，不断地升级。当一项制度无法解决现实问题时，管理者就要想办法完善它；当一项制度的存在，对解决现实问题没有意义或者意义不大时，管理者就要摒弃、废除这项制度。要知道，条条框框的制度太多，并不一定是好事，毕竟，制度的存在是着眼于问题的。如果不能解决问题，还留着干什么呢？

某家大电器制造厂有一则规定：员工如果延迟交货，其单位一律要被征收违约金。这项制度的出台，在当时确实有必要，因为当时有几名员工的时间观念不强，经常拖延交货，公司针对他们才出台了这项制度。这项制度出台之后，确实对他们起到了约束作用。

然而，多年之后，员工主观上的延迟交货情况已经大有改善，这时候虽然也会发生延迟交货现象，但多半事出有因，比如生产过程中遭遇不可抗拒的天灾、人祸，或机器出了故障、厂方本身的耽误等等。故此项规定有名无实，应马上改正，可是领导者没有改善，而是依然执行这项制度。员工延迟交货被公司罚款后，内心就特别不痛快，因为原因不在他们自己，而在于机器故障、厂房本身的耽误等等。

每一项制度的出台，都与当时的现实情况有关。制度往往都是针对企业某一时期的某些现实问题，但随着制度的实行，随着企业的发展，这些问题可能逐渐被解决了。因此，原来的制度就没有存在的必要了。如果企业不懂与时俱进，废除意义不大的制度，那么陈腐的、脱离实际的制度就很容易浇灭员工的激情。

规章制度的建立应该随企业的发展、进步而不断改变，不能一成不变。在过去的生产规模、生产条件下，某项规章制度可能很完善，但由于新的形势及新的经营方式出现，旧的规章制度会出现各种各样的漏洞，变得不合时宜，这就要求领导者要及时废止，另行出台新的制度。只有这样才能保证制度的合理性，保护员工的积极性。

社会经济在不断发展，企业所面临的市场环境也在不断变化，再加上员工队伍、组织自身的发展变化，企业实时地更新制度是一种必然要求。当然，这种更新不是天天变、月月变，而是当制度不能促进企业发展了，才必须改变。否则，随意乱变的制度会让企业人心动荡不安。

5. 别让员工怕管理者，要让员工怕制度

在一些企业，很多员工怕老板，尤其是犯错误的员工。他们为什么怕老板呢？因为老板似乎有生杀予夺的大权，决定他们的前途和命运。员工怕老板是好事吗？当然不是。因为员工一旦害怕老板，工作就无法轻松展开，尤其在与老板沟通时，就会显得谨小慎微、唯唯诺诺，这同样不利于工作。

员工什么都不怕行不行？当然也不行。如果员工什么都不怕，那他就会无法无天，做事就没有了规矩。那么，让员工怕什么呢？怕制度。只有让他怕制度，而不是怕老板，才能在人性化和制度化之间找到平衡点，这样才有利于企业的运作。

在西方管理学上，有一个著名的"热炉法则"。它指的是当有人违反规章制度时，就像触碰了一个烧红的火炉，一定要让他受到"烫"的处罚。

　　热炉法则包含4个惩处法则，分别是预警性原则——通红的火炉，就像一盏信号灯，提醒大家不要触碰；必然性原则——只要你摸上去，必然会被烫伤，所以千万不要有侥幸心理；即刻性原则——只要你碰到热炉，瞬间就会被烫伤；公平性原则——不论是谁触碰了热炉，都会被烫伤，热炉不辨亲疏，不分贵贱，一视同仁地对待每个人。

　　每个企业都应该有自己的规章制度，只要有人触犯了，就要受到惩罚。在这些规章制度中，应明确规定员工该做什么，不该做什么，做了不该做的会受到怎样的惩罚。只有做到令行禁止、不徇私情，才能真正实现"热炉法则"的目的。这要求企业领导者要有"铁手腕"，维护制度的威严，不讲任何情面。

　　毫无疑问，惩罚并不是目的，而是一种教育员工的手段。作为管理者，或许在给员工开罚单时，有一种于心不忍的心理，觉得员工来企业工作，赚钱不容易。但是管理者要知道，这样做对企业是有利的，当企业的利益得到保障时，从长远来说，对员工也是有益的。反之，如果员工不遵守公司制度，导致执行力不高，影响企业效益，甚至导致企业破产或者公司倒闭，员工的利益怎么保障呢？

　　古人说得好："皮之不存，毛将焉附？"从这个角度来看，管理者对员工严格一点，其实是为了员工好。当然，在惩罚员工之后，有必要对员工动之以情、晓之以理地说服教育。只有这样，受罚的员工才会心服口服，才会理解管理者的做法，并对管理者产生敬意。

6. 制度面前不能讲人情

在某电视台举行的一档职场对话节目中，有这样一段对话：一个单位的干部说："我只是轻微违反了'六不准'规定，却受到了严厉的处罚，当时我委屈得一晚上没有睡好觉。"这位干部的上司接话说："你不知道吧？我考虑是否应该按制度处罚你，连续 3 个晚上都没有睡好觉。"从这位领导的话中，我们可以感受到制度与人情这对矛盾的激烈博弈，这种博弈在现实中随处可见。

西安 36 岁的陈女士为了考研，在上班之余苦心复习一年多，可是在考研那天，她来到考场后，却发现自己的身份证忘带了。于是，她急忙给家人打电话，等到她拿到身份证时，开考已经过半个小时。

监考人员表示，陈女士的这种行为违反了考试的相关规定，是没有资格考试的。面对这一"宣判"，陈女士两次跪在监考人员面前，只求被允许进入考场，但最终还是被拒之门外。

此事在网上引起了激烈的争辩。对此，陈女士告诉记者："我一定会查询相关的法律政策，用法律的武器为我讨回一个公道。"

对于陈女士的遭遇，我们深感同情，她能够克服重重困难，保持对知识的渴望，这种积极学习、乐于上进的精神，无论如何都是值得敬佩的。但是，她的行为确实违反了考试制度，是无法"通融"的。

制度不像人情，可以大事化小、小事化了。我们同情归同情，但同情不能取代理智。毕竟，人情是人情，事情是事情。在处理违反制度的事情时，秉公执法才是最值得尊敬的。否则，你违反了制度找理由，他违反了制度也找理由，到时候岂不是乱了套，还有什么规矩可言？

在现代企业管理中，人情是一个极大的困扰因素。对于管理者来说，如果想留住人情，往往会破坏制度，如果遵守制度，就会破坏人情。因此，坚持按制度办事的管理者，往往被认为不近人情，虽然短期内得不到员工的好感，但从长远来看，这样的领导者才可以带企业走向繁荣。

试想，当年要不是诸葛亮挥泪斩马谡，怎么能建立"军中无戏言"的组织纪律，蜀军又如何保证战斗力？诸葛亮的做法告诉企业管理者们一个深刻的道理：没有制度，工作是做不起来的；有制度不执行，工作也是做不起来的。只有严格按制度办事，把人情放在一边，才能把企业管理好。

虽然制度与人情存在一些不可调和的地方，执行制度就不能讲人情，讲人情就势必会破坏制度，但是人情并不是制度的对立面，它可以成为制度之外的辅助措施，即对制度没有遇到的情况做出特殊的处理，并且可以起到很好的效果。比如，员工违反了制度的规定，按照制度的规定应当处罚，但是在处罚之后，管理者可以与员工好好沟通一下，说明情况，甚至喝上两杯，员工心里的阴影往往就会消除。

7. 用铁的纪律约束每一个员工

俗话说："铁打的营盘流水的兵。"把这句话用在企业管理上，再合适不过了。尽管企业员工不断地流动，但只要有牢靠的制度，那么无论员工怎么流动，企业依然能够稳定地发展。反之，如果企业不实行制度化，那么员工就会像一盘散沙，握不紧也抓不牢，无法产生强大的战斗力。

美国格利森齿轮机床厂有着十分严格的安全生产制度，员工只要进入车间，不论是工作还是路过，都必须佩戴安全眼镜、穿硬底皮鞋，并把领带放入衬衫里。如果谁不遵守，谁就将受到惩罚。

然而，在不少企业中，当员工不遵守制度时，管理者却不严加处理，甚至碍于情面而放纵员工。比如，某公司一位员工迟到了，这位员工与领导的关系很好，领导不忍心处罚他，就睁一只眼闭一只眼；没过几天，又有一个员工早退了，由于这个员工的业绩突出，领导想：如果处罚他，很可能打消他的工作积极性。于是，他"宽容"了这个员工。这两件事情多数人都知道，结果很多员工都不遵守上下班时间了。

制度之所以无法约束员工，很大程度上取决于管理者对员工违反制度后的处理态度。如果管理者不予重视，不加处理，就意味着默许员工的违纪行为。

一家公司规定，每个月员工的请假次数如果超过三次，就享受不到全勤的奖金待遇。有一次，一位公司骨干的父亲住院了，该员工一个月请了 5 次假。不过，他为了保证完成工作任务，通过其他时间来加班，最后顺利地完成了本月的工作任务。

按照公司的制度，这位骨干的全勤奖要扣除。但是老板为了显示管理的人性化，对他说："鉴于你已经完成了本月的工作任务，我就不扣你的全勤奖了。"表面上看，这位老板的管理手段非常人性化，但是他却违反了公司的全勤奖制度，导致全勤奖制度在员工心目中失去约束力。因为按照老板的做法，员工可能会想：只要每个月完成了工作，就不用每天都坐班。如此一来，员工就会增加请假的可能性。

不可否认，那位骨干怀有敬业之心，对自己的本职工作认真负责，但是他请了 5 次假，按规定确实无法获得全勤奖。对公司而言，既然制定了全勤奖制度，就应该坚决执行。因为制度就是公司成员间的"信用"，如果制度被随意破坏，那么制度在员工心目中的信用就丧失了。所以，一定要认真贯彻和执行公司的制度。

《孙子兵法》指出，军队要有明确的法律条文，要用严格的纪律训练整顿军队；对士兵不能过于宽松、过于爱护，否则，很容易造成士兵不严格执行命令，从而导致部队陷入混乱。在现代企业竞争中，企业之间的残酷斯杀不亚于战场上的弱肉强食，因此，企业一定要用铁的纪律约束每一位员工。

8. 企业管理最忌讳的就是"差不多"

　　企业管理最忌讳的就是"差不多"，员工的工作要求是怎样就是怎样，如果处处都是"差不多"，那么企业的整体劳动效率就会差很多。对于管理者来说，越是模棱两可的事情越不能打马虎眼，因为这些地方往往最容易出问题，只有尽早实现制度化，才能避免因为制度漏洞而给公司造成不必要的损失。

　　从专业角度上来讲，制度化的前提是目标本身一定要清晰、可量化，即可度量、可考核、可检查。任何一项工作本身都不可能是模棱两可的，所谓的"模棱两可"不过就是工作内容无法量化，检查工作比较费时费力，但这并不能成为我们拒绝制度化的理由。

　　李明是一家塑料生产企业的生产部经理，自企业成立以来，废品率便一直居高不下，而且成品也常常因达不到客户的要求而产生投诉问题。为了改变这一现状，他亲自解决客户的投诉，并试图找到产品质量背后的根本原因。

　　通过收集的数据显示，超过 80% 的客户不满意的原因是塑料成品中有明显可见的杂质。找到了问题根源后，李明便来到了生产车间，然而询问了几名员工之后，他便发现了一个明显的制度漏洞。尽管生产制度中有"有明显杂质、污点的产品视为废品"的规定，但为了降低废品率，对于那些不太明显的杂质和污点，质检人员就睁一只眼闭一只眼。

　　什么样的杂质、污点才算明显，什么样的才算不明显呢？

显然每个员工的衡量标准都不同，正是这种模棱两可造成了客户投诉。越是模棱两可的事情，越应该制度化。找到问题根源的李明马上细化了生产制度，要求杂质、污点的直径等于或大于1毫米的产品均视为废品，为此他还专门给每位生产以及质检人员配备了高精度的尺子，以方便大家贯彻执行标准。

事实证明，李明的这种做法是十分明智的，原来模糊不清的成品衡量标准实现了制度化，有明确详细的条款可循。这样一来不仅保障了产品的质量，也避免了部分员工钻制度的空子，实在是一举两得。

任何企业都存在相对模糊的管理区域，作为管理者千万不能任由这些事情模棱两可下去，一定要尽可能地实现制度化。对于那些很难用硬性制度去约束的工作类型，硬性制度不好管控，不妨采用软性制度，即借助员工满意度打分或客户满意度打分等方式来进行工作监督和检查。

9. 不到位的制度会把企业推向倒闭的深渊

摩根斯坦利董事长兼CEO普赛尔说："所谓的企业管理，就是解决一连串关系密切的问题，必须树立健全的规章制度，以便系统地予以解决，否则必将造成损失。"制度是一只隐形的手，潜于企业整个运行体系中，左右着企业的走向。企业在市场竞争中处于优势或者劣势，很大程度上取决于这只隐形的手。

制度完善的企业，各项事务才能够井井有条地进行，决策才能够更加准确明智，对市场的适应能力才能更强。反之，不到位的制度对于企业来说就等于无制度。而没有制度的企业就如同一盘散沙，风一吹便四散天涯，发展壮大将无从谈起。

企业要想发展壮大，必须不断完善自身的制度，将公司的管理推向正规化的轨道。完善的制度是企业赖以生存的基础，是企业在市场竞争中获胜的保证，为企业的发展壮大提供源源不断的动力。完善自身制度对于企业来说，不是"要不要"的问题，而是"一定要"的问题。

不到位的制度会把企业推向倒闭的深渊，而内部的自我完善能将企业从泥潭中拉出。"洁尔阴"的畅销正是得益于企业制度的自我完善。"洁尔阴"的生产厂家恩威公司是一家从事中草药加工和生产的私营公司。公司发展起初，没有完善的制度，对产品的生产、质检、销售、售后等事项的管理极不规范。

管理的不严谨让投机分子钻了空子，假冒的"洁尔阴"洗液充斥市场。镇江、扬州、云南、四川、湖南等多个省市的销售点，都发现了假冒"洁尔阴"洗液。多家报刊闻风而来，争相报道此事。事情恶化到了极点，恩威公司上上下下愁成一片。公司总裁薛永新决定从内部整顿入手，令外界的不良影响不攻自破。他在公司内展开全面整顿，重新制订了严格的责任制度、管理制度，完善的制度让公司的面貌大为改观，产品的质量也明显上升。"洁尔阴"洗液成功通过了成都市药检的抽查，重新获得销售商和消费者的信任。并且，由于防伪技术过硬，市场上很难出现仿冒产品。不久，"洁尔阴"就成为畅销全国的保健品牌。

恩威公司的薛总成功地对公司制度进行了调整，让公司从制度不到位的泥潭中走出，以全新的面貌参与市场竞争。事实证明，唯有适时地完善制度，并运用好制度这一"武器"，企业才能发展壮大，从而走上国际化的道路。

10. 铺天盖地的制度，意味着管理的失控

企业的日常管理，很大程度上只是一些琐碎事务的重复。正所谓"细节决定成败"，企业在制定和实施制度时务必要细致、具体，从小处出发，以细节为着眼点。然而如此一来，企业必将拥有各种各样的制度，一旦处理不好，管理就会变得杂乱无章。

制定制度从小处出发，并不意味着制度越多越好，铺天盖地的制度无异于作茧自缚。一个企业的制度要具有统一性和一致性，部门制度要统一于企业整体制度，只能是对企业整体制度的细化、详解和补充，而不能游离于企业制度之外。涉及与其他部门相关的制度时，要及时沟通和交流。

梳理好公司各项制度的关系，使公司制度成为一个完整的体系，从某种意义上讲，也是对公司制度的简化。倘若公司的各项制度没有明确的归属，重复的制度就会增多，公司的日常管理就会变得纷繁复杂。

公司在制定制度时，自然是越细致越好，但是倘若没有一个完整的体系，细密的制度就会变得烦琐不堪，公司的日常管理就会受到影响。温州一家皮革公司由弱到强的发展印证了这一点。皮革公司的老板并不是经商管理的科班出身，在社会打

拼几年，积攒了部分资金后，才下定决心自己创业。

公司创立之初，管理十分松弛，发展举步维艰。皮革老板在管理人员的建议下，着手完善公司的制度。各个部门积极响应，新的规章制度很快开始实施。员工们一个个充满希望，期待着公司的长足发展，可是得到的却是失望。生产中的失误似乎变得更多了，各部门之间的冲突也在增加。

在这种情况下，皮革公司老板不得不重新审视公司的制度。他发现公司的制度过于杂乱，某件事情业务部门要管理，生产部门也要管理，某项条款既出现在生产管理条例中，又出现在后勤管理条例中，这无疑会降低公司的运作效率。皮革老板开始对公司制度进行精简梳理，制定出一个明确完整的制度体系，公司的运作开始走向正规。仅仅几年，该皮革厂就成为温州的支柱企业之一。

铺天盖地的制度会让管理变得杂乱无章，从而降低公司的运作效率。因此，制度设计是必要的，但关键要有全局性的安排，并以提升效率、增长效益为前提。那种为了盲目追求制度管理而将制度安排泛滥的做法，其实是制度建设的重大失误。对此，领导人要致力于建立一个完整、明确、精简的公司制度体系，才能发挥制度的效力，真正提升管理水平。

11. 建立制度的人，绝对不能凌驾于制度之上

俗话说"王子犯法，与庶民同罪。"企业管理也是如此。实际上，领导者违背公平原则，在公事裁决上破坏企业的规章

制度，不仅会损伤自己的领导形象，还会失去下属的信任与拥戴。

作为建立制度的人，管理者一定要带头遵守制度，决不能凭借特权而凌驾于制度之上。然而在现实生活中，不少管理者总会给自己的"违章"找理由，以至于上梁不正下梁歪，整个企业没人把制度当回事，原本详细而严谨的条款就这样成了"摆设"。没有制度的约束，企业自然会陷入混乱状态，其生产效率也必定会降低。

作为联想集团的一名高层管理者，柳传志曾定下"迟到就罚站一分钟"的制度。作为建立制度的人，柳传志本人也迟到过，但他并没有借助特权而凌驾于制度之上，而是主动遵守。联想之所以能够取得今天的成功，与他这种严格的管理作风是分不开的。

该制度起源于一次会议，由于每次会议总有人迟到，柳传志为此十分恼火，便规定"开会如果有人迟到，就罚站一分钟！"这一举措效果十分显著，上午10点开会，时间还不到，参会人员就基本到齐了，谁知刚准备开会，公议室门开了，原来是柳传志的老上级迟到了。

对于这样的突发状况，柳传志也皱起了眉头，如果就这样算了，那么规定就白定了，但让老上级罚站确实很对不起老人家。权衡利弊之后，他一狠心，让老领导在会议室门口站了一分钟。

不久后，柳传志参加联想高层领导人会议，谁知电梯出现故障，他被困其中，这导致了他开会迟到的尴尬结局。

在众多下属面前承认错误并罚站，这实在是一件丢脸的事。但柳传志知道公平很重要，如果自己带头打破了这种公平，丢的可就不是面子而是威信了，所以他没有做任何解释，而是自觉地站到会议室门口罚站 1 分钟。

越是建立制度的人，越不能凌驾于制度之上。上行则下效，只有管理者带头遵守制度，员工才能重视制度，并切身体会到制度的威严，反之，员工们则会对上司特权高于制度的做法产生不满，并产生逆反的工作情绪。

每个企业都有属于自己的一套管理制度，但并不是每个管理者都能够严格执行，这就是企业与企业之间的差距。对于管理者而言，制定规章制度并不难，难的是能否以身作则把制度执行好、贯彻好。在执行"法令"的过程中，只有时刻维护"一视同仁"的公平原则，才能依靠制度打下一片江山。

12. 制度面前，功劳大于苦劳

在企业的日常管理中，有些管理者往往无意识地用情感代替了原则，甚至因为与员工的私人关系而迁就他们，事实上这种做法并不明智。制度就是制度，规定就是规定，在公事面前，理智必然大于情感，功劳永远大于苦劳。

如果仅仅因为对方有苦劳就处处宽恕，那么企业制度的威严何在？如此一来，不仅会令那些犯错的员工有恃无恐，还可能影响自身管理工作的完成，以及职位的升迁。所以，管理者在与员工的交往过程中，一定要廉洁奉公、公事公办的原则，切不可在公事之中掺杂自己的私人情感，否则很可能授人以柄，甚至处处被裙带关系所牵绊，影响正常工作的开展。

事实证明，越是管理严格的公司越有活力，劳动效率也会相对较高。从这个角度来看，看重员工的苦劳，并不是什么明智的管理之道。

通用汽车公司是世界上最大的汽车公司，并以生产众多的世界品牌汽车而闻名全球。该公司规模巨大，仅雇佣员工就达到了70多万人，如此数量庞大的员工，如果没有铁的纪律，管理者处处对有苦劳的员工网开一面，那它根本不可能有今天如此骄人的业绩。

在通用汽车创立之初，福特汽车公司占据着45%的市场份额，是汽车行业不折不扣的老大。为了超越福特，通用汽车公司的管理高层斯隆坦言："公司组织混乱、管理无方、纪律也十分松弛，要想扩大市场份额，公司的经营管理体制就必须进行重大改革。"

尽管公司有不少劳苦功高的老员工，但改革不能讲情面，更不能照顾某一部分员工。只有大刀阔斧地改革，才能挽救企业于危难。当时，斯隆提出了"集中政策、分散经营"的改革思路。首先他结合当时公司的情况，制定了一套严格的纪律，并贯彻执行下去。其次，他将公司的任务分为决策和执行两类，并制定了各级部门的规章制度。

经过改革之后，整个通用汽车公司焕然一新，分工明确了，赏罚也更加分明，此举大大提升了公司的整体效率。所以，管理者在改革制度时，不能过于顾及那些有苦劳的老员工，毕竟在制度面前，人人平等，唯有快刀斩乱麻，才能将改革对员工的伤害降到最低。

不管是谁，只要违反了制度规定，都必须进行严肃处理。在制度面前，任何法外开恩的举动，都会破坏其公平性。所以管理者在处理员工犯错的事情上，一定要公私分明，切不可因私人感情而做出错误的决定。

第二章
别把制度当花瓶，
制度定出来就是为了实施

　　俗话说："无规矩不成方圆。"对企业来说，制度就是规矩，有了良好的制度，企业才能稳定、健康地发展。制度就像一个国家的法律，有了它才能判定是非对错，才能规范企业的运行，才能避免人治带来的不客观、不公平。

1. 完成从"老板第一"到"制度第一"的过渡

一个有经验的管理者，往往善于使用制度。但从现实条件来看，很多小企业没有一套完善的管理制度，他们通常靠口头约定或老板带员工、老员工带新员工的方法来告诉大家：什么事情可以做，什么事情不能做。

然而，当企业发展到一定规模后，这种粗放式管理的弊端就会显露出来，这时候就必须要完成从"老板第一"到"制度第一"的过渡。只有用制度管人管事，才能更好地克服企业发展所带来的管理问题。

一般来说，每家企业的经营性质不同，人员构成也不同，因此其制度也会存在较大程度的差异，在制定规则的过程中，一定要考虑到自身的实际情况，并适应时代环境的变化。只有多方面考虑，才能制定出更合理的企业制度。

日本东芝以电子产品闻名全球。众所周知，电子产品的生产对制造环境的要求相对较高，对于某些特定产品而言，必须要做到"无尘"，甚至是"无菌"，只有这样才能少出废品，提高产品合格率。东芝的生产车间由少到多，生产人员也逐步增加，原本的粗放式管理已经远远满足不了管理需求，因此，必须制定规范详细的制度，来保证多家工厂生产行为的一致性。

在这种情况下，企业管理层很快完成了管理制度的转型，东芝结合自身的生产环境以及产品的生产要求，制定了一系列从头到脚的净化标准。为了把制度落到实处，管理层还制定了相应的奖惩措施，如不遵守相关制度，轻则批评检讨，重则会给予经济上的处罚。

随着企业规模发展壮大，员工人数也会随之增长，人少则"老板第一"，人多则必须要靠制度。东芝及时地完成了从"人治"到"法治"的转变，从而保证了企业发展各个阶段的简化有效，这正是其成功的秘诀之一。

初创的小企业一般都是以老板意志为主导的粗放式管理，不管对人还是对事，一概都是老板一个人说了算。这种管理办法适用于小企业，随着企业规模的扩大，老板的个人精力明显不够用。这时，管理也必须与时俱进，停留在以人管人的基础上只会限制企业的发展。实质上，管人管事靠制度说话才是提高管理效率、促进企业不断发展的秘诀。

2. 原则的"高墙"绝对不能逾越

作为管理者，最基本的做事原则就是一切为了企业的发展，这道"高墙"是绝对不可以逾越的。但在现实生活中，却有不少家族企业的管理者，出于私心，不愿意把关键职位交给外人。明明知道自己的子女根本不能带领企业前进，更不能创造一个美好的未来，却固执地坚持。事实上，这种越过原则的行为，只会给企业带来人为的灾难。

不管是管人还是管事，都要冷静无私。从企业利益出发来做抉择，这既是管理者的使命，也是最基本的管理原则。一个违背"万事以企业为先"原则的领导，必定是不受员工们拥护的，最终也会被企业所遗弃。只有在原则划定的范围内活动，才能带领员工按照既定的道路向前发展。

IBM是闻名全球的国际商用机器公司，作为该公司的总裁，小托马斯在选择接班人的时候面临着艰难的选择：是依照"以企业发展为先"的管理原则，将领导大权交给外人；还是逾越这道原则的"高墙"，将公司交给并不被众人看好的弟弟迪克。

为了完成父亲的遗愿，小托马斯决定翻过原则的"高墙"，于是他征得弟弟的同意后，将其调回公司总部，并希望迪克能在员工中树立威信，为接替更高的管理职位做准备。小托马斯将当时IBM正在开发的IBM 360型电脑系统交给弟弟，并促使其与一直主管开发这一新产品的副总裁利尔森合作。

新电脑系统的开发意味着IBM公司将进入巅峰时期，但迪克却由于自身问题在激烈的市场竞争中败下阵来。此时，作为最高管理者的小托马斯开始意识到：如果让弟弟接班，很可能会影响IBM的发展，经过反复的思考，他最终决定以公司利益为重，顶住来自亲友方面的压力，坚持最基本的原则底线。为了IBM的发展前途，他最终舍弃了让弟弟接班的决定，并让利尔森担任总裁，接替董事长的职位。

事实证明，违背"处处为企业着想"的原则，只会给企业带来损失，只有严格按照原则进行决策的做法才是对的。利尔森没有令人失望，在他的带领下，IBM公司获得了更为广阔的发展空间，并在强手如林的电脑制造业中始终名列前茅，以惊人的速度实现了扩张。

始终把企业利益放在第一位，这是所有成功管理者的做事原则。违背了这条原则，即使管理才能出众，企业也必然会陷入万劫不复的深渊。因此，管理者们一定要谨记：原则的"高墙"绝对不可以逾越。

3. 制度执行必须公事公办

有了刚性的企业制度，还需要刚性的执行力。有些管理者在员工违反制度之后，没有做到公事公办，按照制度处理，而是睁一只眼、闭一只眼，客观上迁就和纵容员工违反制度的行为。为什么管理者不能公事公办地处理呢？也许他们对员工比较宽容，不想只要员工违反制度，就严格地处理；也许他们与员工私人关系不错，想"照顾照顾"员工，放员工一马。

三国时期，关羽在诸葛亮的安排下，镇守华容道。由于曹操对关羽有很大的恩情，为了避免旁人心生猜忌，关羽特意立下军令状。然而，关羽还是在华容道放走了曹操。回来之后，面对他违反军法的行为，刘备站出来为关羽求情，最后这件事不了了之。

在这个案例中，刘备作为管理者，犯了现在很多管理者会犯的错误——面对员工违反制度的行为，他们没有做到公事公办地处理。与刘备的做法截然不同，诸葛亮在马谡失街亭之后，按照军法对马谡处以斩首之刑。

马谡是蜀国一位干将，非常聪明有智慧，而且诸葛亮对他非常赏识。诸葛亮斩首马谡时，曾忍不住伤心落泪，但依然将马谡处以死刑，为什么？如果他不这么做，就会使军法失去威信，以后谁还把军法放在眼里？

其实，一个企业的制度，就如同诸葛亮的军法，必须不折不扣地执行。怎样才能保证公司的制度不折不扣地执行呢？管理者首先必须做好表率，这一方面管理者自己要遵守公司的规章制度，另一方面当员工违反制度时，管理者必须公事公办地处理，决不能徇私枉法，私自包庇。

当发现员工违反公司的制度时，管理者该指正员工的要指正，该处罚员工的要处罚，决不能做老好人而亵渎制度，这需要管理者有一颗正直之心。著名管理大师德鲁克曾经说过："如果管理者缺乏正直的品格，那么，无论他是多么有知识、有才华、有成就，也会造成重大损失。他破坏企业中最宝贵的资源——人，破坏组织的精神，破坏工作成就。"

管理者可以找违反制度的员工谈话，开宗明义地指出："你的表现有问题，你违反了公司的制度规定。"然后，按照公司的规章制度，逐条指出员工表现不对的地方，比如，"公司规定，每周一早上要准时上交生产报告，但今天已经是周三了，你还没有上交生产报告，这是为什么？"

在听完员工的解释之后，如果员工的解释有道理，可以对他提出口头警告，并让他赶快上交报告；如果员工说不出合理的原因，那么该批评的一定要批评，该处罚的一定要处罚，一切都按制度来办。只有这样，才能及时纠正员工的不良行为，杜绝违反公司制度的行为。同时，也有利于员工把工作做得更好。

4. 不要让制度隔靴搔痒

公司出现某些问题，就要针对这些问题，制定相应的制度，以便解决问题。可是，有些管理者制定的制度针对性不强，或者制度规定不恰当，无法到位地解决问题，这是很多企业管理的现状。下面，我们不妨来看一个案例：

某公司发现公司员工创新意识不够，认为这是他们不思进取、平时不学习导致的，于是硬性规定员工每天上班第一件事：看书看报。这个时间段为9：00—9：30，如果谁在该时段内不阅读，就会被处以50元的罚款。

看什么样的书，看什么类型的报纸呢？对此公司并没有规定，公司领导只表示，不看娱乐、体育类的图书和报纸都行。公司为什么这么规定呢？因为这是一家图书出版公司，领导者认为员工通过看书、看报可以增加知识，了解社会动态、关注民生民情，有助于从中发现策划的灵感。

制度虽然执行了，但是却没见到什么效果，反而大家每天都要耽误30分钟的工作时间，这让很多工作积极的员工很不满。他们认为，这项制度无法解决大家没有创新意识的问题，因为了解社会动态的方式太多了，在如今这个网络社会，网上新闻多如牛毛，上网看新闻比从图书和报纸上看新闻能了解更多的信息，为什么一定要求看书、看报呢？

看了这案例，很容易让人想到"隔靴搔痒"这个成语，脚痒了，却隔着靴子去挠，能缓解痒的感觉吗？答案是否定的，那不过是一种心理安慰，不过是在敷衍自己。

以上面的案例来说，员工缺乏创新意识，这是很多原因造成的，单单将其原因归结为知识水平不够、了解社会信息较少，恐怕有失偏颇吧！这与"隔靴搔痒"有何区别？事实上，员工创新意识不够，很大程度上是因为根本没有创新意识，或者不知道从哪具方面来创新，对员工进行这两项的培训，才是真正要解决的问题。

上面的案例提醒我们，针对实际问题制定制度时，千万不要隔靴搔痒。否则，制度制定了，不能解决具体问题，还会让员工感觉别扭，甚至是不满。正确的做法是抓住重点，抓住主要矛盾。对于细枝末节，还是少一些规定好。否则，既不便于员工记住制度规定，也不便于执行。员工可能稀里糊涂，不知公司制定制度的目的是什么，执行起来也容易偏离方向。

5. 要给制度配一把"尚方宝剑"

治理国家需要严明的法令，颁布详细具体的法例，公民才能知道什么可为，什么不可为。管理企业也需要明确的制度，科学合理的公司制度是权责明确的保证、提升效率的关键。制度对于任何组织的有序运转，大到国家，小到家庭，都是至关重要的。

制度是由人制定的，也需要人来执行，因此常常受到主观能动性的影响。当人的意志在制度的制定和执行中占据主要地位时，制度原有的作用就不存在了。因此，公司管理者要赋予制度绝对的权威，用制度来约束员工的一切行为。

春秋战国时期，法家的集大成者韩非子在论述国家刑罚时指出：用严酷的法令治理国家，大家就不敢轻举妄动；如果采取宽仁的策略，就不能达到有效治理的目的。现代企业也一样，管理者必须为公司制定严格的制度，在执行制度时公正严明，决不能有所妥协。

在公司制度面前，高层领导、公司元勋和普通员工的地位是平等的。良好的公司制度应该对任何人都有赏罚之权，不能因为权力高低、职位大小而有所偏颇。公司制度的最高权威得不到维护，就会造成工作流程不顺畅、内部考核不到位、员工价值观不统一的严重危害。

以肯德基为例，这家世界闻名的快餐业巨子创立半个世纪以来，赢得了全世界的好评，这主要得益于企业上上下下对制度的绝对贯彻。肯德基进入中国市场已经30余年，营业额一直非常可观。进入中国市场后，肯德基不仅坚持着本土化策略，还开始与当地供应商合作。它从按照公司规定质量、技术、财务、可靠性、沟通等五个方面对当地供应商进行严格的考核。在复杂周密的考核下，肯德基的快餐供应链条得到了充分保障，创造了出色的经营业绩。相反，曾经是中国最大奶制品企业的三鹿集团，却在不断地挑战制度的权威。三鹿集团在奶源采购上也有一套完整的制度。但是，负责奶源收购的工作人员并没有严格执行，轻易就被自己的私欲打败，致使企业对奶源质检不力，不合格的奶制品流向市场，最终酿成企业破产的悲惨结局。

企业想要有序发展，也必须建立相应的管理制度。要想取得巨大的成功，就必须使生产经营的每个环节在制度的规定下严格进行。企业制度必须高于一切，必须管控公司的方方面面。管理者必须公正严明地执行企业的各项制度，让每个人在关键领域不敢越雷池一步。唯有如此，企业的利益才能得到保证。

6. 杜绝"上有政策，下有对策"的歪风

常听人说："上有政策，下有对策。"还有人说："道高一尺，魔高一丈。"这两句话共同表达了一个观点：不管你怎么做，别人都有办法应对。把这两句话放在公司管理上来，管理者一定会深感无奈，因为很多企业里都盛行"上有政策，下有对策"的歪风。

某公司为了保证员工的工作时间，严肃工作纪律，制定了严格的考勤制度。公司规定，员工上下班都必须打卡，如果有人迟到或早退，就要受到相应的处罚，而处罚的方式往往以罚款为主。

考勤制度推出之后，人力资源主管就发现员工之间存在相互代为打卡的现象，因为他发现有的员工明明上班时间过了之后才来到公司，可是考勤上却记录该员工已经打过卡。苦于没有证据抓住员工代为打卡，人力资源主管也很无奈。当他把这一情况反映给上级时，上级领导让他每天来早一点，站在旁边监督员工打卡。

不久之后，人力资源主管又发现了问题，每次他站在打卡

机旁边监督时，总有员工主动和他搭讪，甚至有人故意叫他帮忙，把他引开。顾于同事间的情面，他也不好意思拆穿。后来，公司安装了一部指纹打卡机，希望从源头上刹住代为打卡的歪风。

可是问题又来了，自从推行指纹打卡的方式记录考勤，员工迟到的现象并未减少。为什么呢？因为有些员工往往因为迟到一两分钟，就被记录迟到，这让他们很沮丧。有时候他们可能因为迟到这件小事，影响一整天的工作情绪。有些员工还会因迟到被罚款而抱怨，认为公司的制度缺乏人性。

为什么会"上有政策，下有对策"呢？这一方面说明有的员工爱投机取巧，另一方面往往说明制度本身存在缺陷和漏洞。当然，关键还是制度本身有问题。假如制度没问题，员工再聪明也找不到空子钻。

以上面的案例为例，公司的考勤制度确实少了点人情味。首先，制度规定，凡是迟到就要罚款，这太过严格。在迟到早退方面，公司没有给员工任何宽容，假设允许员工迟到3次，超出3次再处以罚款，也许会更得人心。其次，制度规定迟到了罚款，但是如果员工每个月都全勤，有没有奖励呢？案例中没有提到。"只罚不奖"有失公平，员工自然会有不满。

比如，有公司规定，出纳人员、业务员如果因工作需要而迟到，可以不计迟到。比如出纳要去银行取钱、存钱，业务员要见客户。有一次，出纳给人事部管理考勤的主管打电话说："我今天上午要去银行，会晚些到公司，不要给我记迟到啊。"可让人不解的是，出纳员居然准时来到了公司，人事主管问他怎么没去银行，他却说，"去银行早去晚去都可以，不着急。"

以上案例都说明了一个问题：制度有漏洞，员工就会很自然地钻空子，逃避制度的处罚。管理者一定要认识到，虽然大多数员工是敬业的，愿意遵守制度，会认真对待工作。但人性是有弱点和劣性的。要想防备人性的劣性，最好的办法就是制定科学合理的制度，保证制度本身没有漏洞，让制度深得人心，这样员工就不会再去钻制度的空子了。

7. 制度松弛，贻害无穷

俗话说得好："严师出高徒。"任何一个顶尖的团队，都有一套非常严格的制度。在企业中，如果管理者制定的制度对员工的要求非常松散，而且制度的条款非常模糊，那么团队成员就找不到依照的准则，这样的制度不仅无法激发员工的积极性，反而会诱发员工的惰性，这对团队而言是危害无穷的。

一位幼儿园老师带着一群小孩子过马路，怎样才能保证孩子的安全呢？老师想了一个办法——他用一根长绳子，让每个小孩都拉着绳子，排成一条队伍，老师在前面带路。过马路的时候，有一个小孩的鞋带松开了，但是他没有停下来系鞋带，而是走到马路对面才系鞋带。

看到这一幕，不禁让人对孩子们表示赞许。为什么即使鞋带松了也不停下来呢？老师的回答很简单："因为如果孩子松手，就无法被评为好孩子，这对他是最大的惩罚。"

其实，企业制度也像一根绳子，只有全体员工都拉着它，团结在一起，才能产生最大的生产效率。反之，如果这根绳子非常松弛，或者大家不拉着这根绳子，也不会受到惩罚，那么这个制度就无法让员工产生敬畏感，这对企业是致命的。

刘邦刚当皇帝的时候，不懂礼仪，宫廷制度十分松散。大臣们在朝拜刘邦时，经常互相争功、饮酒狂欢，一句话没说好，甚至就会拔剑相向。对此，刘邦十分担忧，叔孙通建议刘邦召集儒生，研究朝会制度，刘邦决定一试。在叔孙通的主持下，召集了一帮儒生和大臣，制定了一套严格的朝会礼仪制度。

经过一段时间的练习，这项制度终于推行了。之后，诸侯和大臣们在长乐宫朝拜刘邦，整个过程由御史执行法令，凡是不遵守朝会礼仪制度的，一律带走治罪。争功过程都摆有酒席，但是没有一个人敢喧哗无礼。刘邦极为高兴，感慨道："今日方知皇帝之贵也。"

有法不依或执法不严，就会造成制度松散，人心涣散，这是企业发展的大患。严明的制度和纪律，不仅可以维护团队的整体利益，在保护团队成员方面，也发挥着重要的作用。

比如，某个员工未能按期完成工作，或违反了某项制度，但是他没有受到相应的处罚，或处罚很轻。表面上看，这个团队非常尊重人性，但事实上却纵容了全体成员。大家会想：反正违反了制度没什么大不了的，于是大家就不会遵守制度。久而久之，团队无纪律，整个团队就会陷入混乱之中。最后企业倒闭了，员工的利益都受损了。

所以说，制度千万松弛不得，既要制度严明，又要执行彻底，这对企业和员工都是一件好事。

8. 制度是用来实施的，而不是吓唬人的摆设

如今，绝大多数企业都认识到了制度的重要性，并制定了相对详细完善的管理制度。大到关系公司生死存亡的重要决策，小到员工们的作息时间以及领取办公用品的规定，可谓十分齐全。然而不少企业的制度并没有很好地贯彻下去，不幸沦为了摆设。

管理者制定了制度就要实施，如果摆在高高的神龛上，那么对企业的发展是没有任何用处的。在制度的制定和实行上，不能过多地讲求形式，更不能把它当作"面子工程"。只有一板一眼地贯彻实施下去，才能真正实现其价值，从而给企业带来货真价实的实惠。

老张是一家公司的财务总监，手下管理着七八名财务人员。公司关于现金的保管、支取以及转账等问题，本来有着十分详细的规章制度，但老张觉得按制度办事实在太麻烦，长久以来都按照经验进行粗放式管理。因为也没出过什么大问题，上司也没有详细过问，整个财务部便养成了"无制度"的工作习惯。

然而突如其来的变故，却让老张一下子慌了手脚。原来一名下属保管现金的保险柜被撬，公司第二天要用的 20 万现金不翼而飞。要知道，公司的防盗措施一直做得很到位，为了防范入室盗窃，还专门购置了国内最先进的保险柜，柜子上不仅配有报警、密码等装置，一旦密码输入错误，还能对操作者进行电击。如此可靠的保险柜，又为什么会失窃呢？

原来，整个财务部都视公司的财务制度为摆设，根本不按

照制度办事。这位使用保险柜的出纳，平时并没使用这个先进的保险柜，由于他不小心把常用保险柜的钥匙丢了，所以才不得不动用该保险柜。由于担忧不小心输错密码遭电击，所以便不接电源。又怕忘记密码，所以就按数字大小顺序编了1~6的号码。再怕丢了钥匙，最后索性把钥匙扔在办公室的抽屉里，结果反倒给窃贼提供了作案便利。

制度是用来实施的，管理者千万不能过分相信经验，更不能因为害怕麻烦就放任下属把"制度"当成摆设。试想，如果老张从始至终都能严格要求员工按照制度办事，那么公司财产失窃的事根本就不会发生，而他本人也不会因此停薪留职。

规章制度形同虚设，往往是造成企业经营管理失误的重要原因之一，所以广大管理者一定要谨记：制度是用来实施的，只有贯彻下去才有意义。

9. 制度面前，谁也没有特权

在某大型国有企业生产车间门口，门卫提醒前来参观的人员戴好安全帽，但是却被一人恶狠狠地瞪了一眼，对方气冲冲地说："懂不懂规矩，没看到领导来视察吗？"门卫赶紧低头认错，赔着笑脸说："对不起，对不起。"

现实中，这种现象经常发生在我们身边，它折射出一种特权思想，那就是领导者和普通员工享受的待遇是不一样的，公司的制度是为员工制定的，员工必须遵守，领导者可以超脱于制度之外，可以"为所欲为"。这种风气的可怕之处在于，让员工感受不到平等，感受不到企业的尊重，也感受不到制度的威严。

真正英明的领导者，肯定不会让自己超脱于制度之外，相反，他们往往还会主动做表率去遵守制度。如果有人对他说："你是领导，这个制度不适用于你。"他们会很生气地责怪别人。

有一次，杜邦公司的主管 Frank 先生陪同一名外企的安全员来公司生产现场参观。走到总装车间门前，尽管陪同人员热情邀请，但 Frank 先生还是停下了脚步，他主动问工作人员："我们没有戴安全帽和护目镜能进去吗？"

得到的回答是"可以"，Frank 先生问："可是门上清楚地标着'进入者必须戴安全帽和护目镜'，这怎么解释呢？"工作人员说："那是针对操作员工的。"正当大家准备进入时，有人发现 Frank 先生已经戴好了安全帽和护目镜。

"那是针对操作员工的。"这是一句耐人寻味的话，但是 Frank 先生没有因为自己是领导者就"破例"，他戴好了安全帽和护目镜，做了公司制度规定的事情。Frank 先生的做法告诉我们，在制度面前人人都是员工，没有等级之分。他的做法也告诉我们，管理者要强化自主管理的意识，要先管好自己，才可能管好员工。

美国著名的 IBM 公司也十分注重这一点，公司创始人老汤姆·沃森认为，企业的最高管理者往往会犯一种严重的错误，那就是对自己和对员工采取双重标准。当自己或其他管理人员违反了公司制度时，他们在处理的时候往往比较宽容，而对员工所犯的错误则严厉处理。这种做法会造成很坏的影响，你应该毫不留情地把这类管理人员开除。

老沃森的观点强调了制度面前没有特权，也不能有特权。在公司里，条令条令，条条是令。领导者只有放下架子，少一些特权思想，少一些"自我"，才能用一颗平常心，从内心深处去认真地对待制度，这样才能体现出制度的平等性、公平性和严肃性。

10. 疏而不漏，危急关头决不能手软

身为企业管理者，由于平时的日常管理工作纷繁复杂，所以即使有三头六臂也很难做到面面俱到，产生或多或少的遗憾也是在所难免。一个明智的领导者不会对无关紧要的小遗憾而患得患失、耿耿于怀，只要所做之事对企业来说利大于弊，那么他们便会坚决执行，决不会因为小小的损失而忧虑。

疏而不漏，危急关头决不手软这是很多成功管理人的共同之处。人的精力是有限的，要想管好一个偌大的企业，就必须要抓住重点、抓住关键点。俗话说，成大事者不拘小节，如果凡事斤斤计较，过于在乎那些细枝末节，那么势必会丢掉大局，从而给企业造成更大的损失。

人们常说，"铁打的营盘流水的兵"，一个企业从小到大，既有人不断加入，也有人陆续离开，这是十分正常的事情。号称"中国企业教父"的柳传志，在用人上就看得很开，他从来不会过分忧虑，这也是他获得成功的一个重要原因。

联想有不少元老级别的员工，当初跟随柳传志一起创业，在众人的共同努力下，联想从一个年销售收入几百万的普通企业，迅速成长为年销售额超过百亿的知名品牌。然而，天下没有不散的宴席，从倪光南、吕谭平、孙宏斌到杨元庆、郭为，

一个个重量级人物都离开了，但这并没有让柳传志感到不适。

在他看来，企业发展需要新陈代谢，这种新陈代谢的规律注定会有元老级别的人物退出，只要把握住大局，便不会因为新老员工的交替而忧虑。尽管陆陆续续有人离开，但柳传志始终都是气定神闲，一步步筹划着企业的发展，一步步把联想发展壮大。

在现实生活中，绝大部分管理者在骨干员工离开公司后都会陷入患得患失的情绪之中。实际上，人才掉队并不是什么遗憾事，而是一种常态，因为企业对人才的需求本身就是"喜新厌旧"的，所以有人离开很正常。管理者不必为此而担忧，越是这种危急关头越不能手软，学会处理"掉队者"才是正确的应对之策。

11. 用制度告诉员工，努力了就会得到回报

员工与企业其实是一个共同体，一损俱损、一荣俱荣。员工的努力工作，能够换来企业的发展壮大；企业的发展壮大，会为员工提供更多、更好的机会。树立员工与企业利益共享的理念，是管理者最重要的工作之一。

如果说领导者是企业的头脑，资金是企业的血液，硬件设施是企业的骨骼，那么，员工就是企业的细胞。细胞老化的企业就会衰弱，而企业停止呼吸，细胞就会坏死。所以，员工与企业相辅相成、休戚相关。要想让企业与员工达成这种共识并付出行动，就需要用制度来说话。

首先，管理者要制定健全科学的薪资制度。薪资制度要与员工表现相联系，奖励先进，惩罚落后。合理地分配不同职位

的薪资，拉开适度的差距，有利于激起员工的进取心。其次，管理者要设计符合员工需要的福利项目。福利项目设计得好，不仅能够解决员工的后顾之忧，提升员工对企业的忠诚度，还能提高员工工作的积极性。最后，管理者应注重对员工的培训，给员工提供成长发展的空间。对优秀的员工进行培训和提升，有助于其他员工见贤思齐。

世界电信巨头爱立信能从一个只拥有 10 名雇员的小公司发展成为今天的世界电信巨头，与其注重员工价值开发的做法是分不开的。

爱立信从成立之初就始终保持着飞速发展的势头，然而规模的不断扩大，致使其出现了规模管理的难题。为了解决难题，爱立信高层创立了成功的人力资源开发模式。管理者注重对员工的创新力、管控力的开发，因此设立了合理的奖励制度和内部提升制度。爱立信的每一位员工都认为自己是企业必不可少的一部分，他们也相信：自己只要努力，公司就会给予相应的回报。所以，他们在工作中总能保持充分的积极性，主动地完成任务。在长达一个多世纪的发展中，爱立信充分开发和利用了每一位员工的潜力，从而实现了从雄踞国内市场到进军国际市场的飞跃。

制定合理的制度，给每一位员工足够的关心和重视，让其个人福利与公司效益密切联系，员工的工作积极性就会提高。如果优秀的员工得不到奖励和提升，所有员工的薪资水平差距不大，有困难的员工得不到关怀和帮助，员工对公司的感情就会淡薄，就不能全身心地投入工作。好的管理者总是能从制度中体现对员工的关怀，让员工看到有努力就有回报，从而积极工作，不断为公司创造财富。

第三章
制度设置要合情合理，
管得住还要用得好

公司出台制度是一项严肃的事情，最忌讳的是将制度当儿戏。管理者一定要明白，制度的朝令夕改，会影响企业的向心力和凝聚力，会使员工对企业失去信心，并觉得茫然，从而失去工作的干劲。所以，制度设置一定要严谨，务必一以贯之。

1. 制度设置要合情合理，管得住还要用得好

"不管你是发烧、拉肚子、咳嗽或者是手足口病，都要等6到8个小时！如果你能等就挂号，不能等请去其他医院！"这是深圳市儿童医院的挂号窗口处张贴的告示。对于这个告示，我们抛开感情的因素去思考，其实告示的内容完全是大实话。因为相对于前来看病的病人数量，医院的数量和医生的数量是捉襟见肘的。面对大量的病人，医生忙不过来，于是提醒病人排队，或者去其他医院，这自然是很合理的告诫。

然而，再读这句告示，会让人觉得它缺乏了一点人情味，对病人缺少了人性关怀，哪怕这种关怀是一种语言上的安慰。在很多企业中，这种合理不合情或者合情不合法的现象也是常有的，比如，工厂不依法支付加班费，对公司干部美其名曰"责任制"，对普通员工则用"计件制"来掩盖，更有甚者让员工加班不打卡，或者销毁刷卡记录，目的就是掩盖不付加班费的事实。这种事情看似合情，但是却不合理合法。当然了，只是看似合情。

正所谓利益面前无小事。实际上，员工无时无刻不在想办法维护自己的利益。如果企业的做法太过分，既不合法、不合理又不合情，那么员工忍无可忍，最终会选择走人。

而当员工离开时，受损的还是企业，因为立即寻找一个得力员工、为企业创造效益并不是一件容易的事。所以，聪明的管理者在制定制度的时候，往往会做到合情、合法、合理三者

兼顾，这样才能管得住员工，让企业高效运转。

某服装公司为了留住人才，为了企业的长远发展，在设计薪酬制度的时候，充分考虑了在合法的基础上，同时做到既合理又合情。他们设置了一项薪酬制度，包括底薪、加班费、五险一金、绩效奖金、岗位加级、技术加级、住房补贴、餐补、交通补贴等。在这项薪酬制度中，底薪、加班费、五险一金是合法的内容；绩效奖金、岗位加级、技术加级属于合理的内容；住房补贴、餐补、交通补贴属于合情的内容。

自从实施了这项薪酬制度之后，员工的积极性大大提高，公司的生产效率、产品质量也有了明显的提升。为什么薪酬制度带来的效果如此明显呢？因为员工从这项薪酬制度中看到了公司对自己的尊重，对自己的关怀，感受到了自己的价值所在。最为现实的一点是，由于这项薪酬制度的推行，员工的收入增加了很多，这是刺激他们产生更大动力的最直接原因。

与这家公司相比，不少企业在合情与合理方面往往做不到兼顾。如果企业在合情方面做得较好，在合理方面往往会差一些，反之亦然。之所以会出现这种情况，往往与管理者的心理有关：已经给了员工合理的满足，如果在合情方面再去满足员工，那公司的成本就太高了。

其实，要想制度满足合情这个要求，只需要多出一小部分支出，就能达到做大事的目的。比如，了解员工生活的实际困难，给员工适当的帮助，过年过节，多给员工一些亲情化的福利，如请员工吃饭，给员工红包，给员工礼品等。做到这些并不难，但却很容易俘获员工的心，为企业打造凝聚力和战斗力。所以，有时候制度的设置只需要给员工多一点"好处"，就能让员工感受到被重视，从而让企业制度得到遵守，让企业充满生机和活力。

2. 制订规章制度，要让大家参与其中

在很多企业，规章制度往往由几个领导者来制定，普通员工根本没有机会参与。这种做法最常见的危害，就是领导者对实际问题不了解，制定的制度不切合实际，而且不利于员工理解、执行制度。因此，聪明的管理者往往不会独断专行地制定制度，而是想办法让大家参与到制度的制定中来，参考大家的意见和建议。

日本丰田汽车公司十分重视员工的意见和建议，他们经常鼓励员工发表意见，参与公司的管理。公司的总厂与分厂加起来，设置了多达130个的意见箱，并为员工准备了提意见的专用纸。每个月公司的管理者都会打开箱子一到三次，如果员工的建议得到采纳，员工将会得到相应的奖励。

自从实施了这种管理办法，仅1980年，员工就提出了859000条建议，比前一年增长50%，其中93%的建议被采纳，由此给员工的奖金多达9亿日元。据统计，丰田公司实行这一制度后，在30多年间收到过400多万条的建议，平均每个员工提出的建议接近100条。在员工普遍参与的管理模式下，公司的制度得到了大家很好的执行，公司也一路高奏凯歌，不断走向新的发展高度。

充分听取员工的意见和建议，既可以获得一种智慧，便于

制定出更加科学合理的制度，又可以对员工表达企业的重视，调动员工的积极性，使员工更好地遵守制度。当员工发现一项制度中有自己的智慧时，他会引以为豪，并认真执行制度。因此，管理者在制定企业制度时，一定要重视员工的意见和建议，努力调动员工的参与意识。

管理者要让员工感觉到自己是公司的主人。比如，管理者针对某一问题打算制定相应的制度，可以把大家召集起来，询问大家的意见和想法："如果大家有什么想法，可以在未来3天之内与我交流，可以发邮件，也可以写纸条。"

当员工提出自己的意见时，无论管理者是否采纳，都应该心怀感激地肯定他们积极献计献策的行动。如果管理者决定不采纳要说明原因，切不可不了了之，否则，员工可能会有一种被忽视的感觉。对于被采纳的意见，公司可以有相关的奖励制度，哪怕只奖励一件小礼物，也是对员工的最好肯定。

3. 制订制度不可墨守成规

每一项制度的出台，都是着眼于当时企业存在的问题。当该问题解决了，而新的问题出现时，原来的制度很可能就失去作用了。因此，聪明的管理者应该不断地调整制度，千万不可墨守成规。如果用几百年前的方法去管理现在的企业，那企业只能走向灭亡。

艾柯卡是美国著名的企业管理专家。当年他在福特公司担任总经理时，积极要求创新，大刀阔斧地改革企业制度，但由于福特公司的总裁小福特思想保守，墨守成规，两人在经营和管理的理念上存在不可调和的冲突，最终，艾柯卡离开福特。

福特公司在小福特保守的思想的统治下，公司业绩在70年代末80年代初步步下滑，最后滑落到亏损的边缘。而艾柯卡离开福特公司之后，进入了克莱斯勒公司担任总裁。当时的克莱斯勒已经濒临破产，原因是管理者墨守成规。艾柯卡上任之后，大胆地改革了公司以往的制度，积极创新公司的产品，在不到两年的时间内，将克莱斯勒从死亡边缘拉了回来，使其业绩一路飙升，很快就赶超了福特公司。

面对激烈的竞争环境，福特公司的管理者痛定思痛，奋起革新，推出了一套灵活的经营管理机制，这使公司恢复了往日的雄风，保住了自己的市场份额。

克莱斯勒与福特这两家公司的亏损原因和成功转变，告诉我们一个道理：公司的管理者一定不能墨守成规，必须在管理制度和生产技术上不断地更新换代，才能为公司构架成功的阶梯。

其实，管理企业有时候就像开汽车，管理者是司机，在开车的时候必须小心地看着路面，当汽车处于上坡途中时，应该踩住油门，保持向上的动力；当汽车处于下坡时，司机应该立即调整策略，改踩油门为踩刹车。如果司机不能根据路面情况改变驾驶策略，那么最终的结果很可能是车毁人亡。

不同时期的企业情况不一样，管理者的心态也不一样，制度的作用也不一样。客观环境的不断变化必然要求管理者根据不同的情况，研究解决新问题的办法，做出管理制度上的调整。

不断调整管理制度，不断更新各项规章制度，这应该以企业实际情况为依据，切不可朝令夕改，毫无缘由地频繁撤换原有的制度。否则，企业管理就会走向另一个极端，对企业的发展也是极为不利的。

4. 制度设置一定要层次分明

有一名酒店的老板，见到员工服务态度不好，就批评员工一番。见到员工上班迟到，就训斥员工一顿。大家都说这位老板很负责，而实际上他是在越俎代庖，犯了越权指挥的错误。因为身为一家酒店的老板，他有更应该做的事情，比如，制定企业的经营战略和发展计划，管理各部门的负责人，而员工服务态度不好、迟到，应该由下级管理者去管理。而他做了下级管理者应该做的事情，下级管理者该干什么呢？而且老板由于管得太多，就会变得特别忙，当有一天老板不在公司时，员工遇到了问题应该找谁呢？

汉斯是美国一家大型百货商场的老板，但他依旧采用小店铺的管理模式。他总是事无巨细地过问公司上上下下哪个管理者做什么，该怎样做，哪个员工该做什么，该怎样做。因此，他经常感到身心疲惫。

一次，他终于累了，想抽出半个月的时间去国外度假，可是他刚出门两天，公司的电话和邮件就源源不断地找来。公司到底出了什么事情呢？其实也没什么事情，大多数是公司内部的琐碎小事。这使得汉斯不得不提前结束自己的度假，赶回公司"救火"。

汉斯遇到的这种情况，完全是他一手造成的。因为他在企业管理中，不能做到层次分明、职责清晰，他管得太多，滋生了部下和员工的惰性，造成了大事小事找老板的现象，所以，他离开了公司，公司便无法正常运转。这在管理上是最糟糕的情况。

作为老板，一定要牢记：不能管得太多。否则，正常的管理秩序就会被打破，使管理陷入紊乱状态，影响公司的效益。对于员工来说，老板说往东，而部门主管说往西，前后指令不一致，员工就会无所适从。真正有序的管理应该层次分明，老板该管什么，部门主管该管什么，大家应该分工明确，各司其职，且相互配合，这样才能把企业管好。

怎样才能保证各个管理者各司其职，层次分明地管理公司呢？关键在于在制度设置上体现出层次，假如公司的制度里有明确的规定：老板的职责是什么，部门经理的职责是什么，车间负责人的职责是什么，员工遇到了怎样的事情应该找谁……这些问题都在制度上有明确的说明，那么企业还愁管不好吗？

管理者还需记住，聪明的员工喜欢独立思考，只有懒虫、笨蛋才会事无巨细地听从指挥。如果公司的制度里没有明确的管理层次，老板越权指挥，并且包办一切，从企业的经营策略到车间的生产计划，再到每天的考勤管理，再到窗户是否擦干净，这些事情他全管，那正好就满足了懒虫的心理，他们不愿意思考，只需要机械地接受任务、完成任务，出了问题他们也不用负责。长此以往，员工的积极性和创造性就会泯灭。而那些有才华、有能力的员工，他们比普通人更迫切希望实现自己的价值，而实际工作中他们又没法实现自己的价值，在这种情况下，他们迟早会选择走人。

事实上，任何一名管理者的时间和精力都是有限的。文武之道，一张一弛，高明的管理者首先必须懂得放弃，有所舍才能有所得，有所舍才能游刃有余。聪明的做法，是设置层次分明的制度，清楚地规定各个管理者的职责，大家各司其职，互不干涉、互相配合，才能把企业管理得井然有序。

5. 制度设置要补齐"短板"

一只木桶盛水的多少，并不取决于桶壁最高的那块木板，而取决于桶壁上最短的那块，这就是著名的木桶原理，又叫短板理论。木桶理论告诉我们，要想提高综合实力，就不能存在短板，这对企业和团队管理来说是十分重要的。

对一个团队而言，尤其是合作性非常强的团队，无论其他人做得多么好，只要有一个人的工作出现了纰漏，就很可能影响整个团队的业绩。企业管理制度也存在这种情况，有些企业各方面的制度都很人性化、很完善，但是薪酬制度很糟糕，员工往往因为薪酬制度这块短板而离开；有些企业的制度都不错，但是企业的福利制度很糟糕，让员工觉得企业没有人情味；有些企业的休假制度不行，员工整天没日没夜地干活，完全得不到休息，导致了身心疲惫。

企业无论存在哪方面的制度短板，对其发展都是不利的。因此，管理者一旦发现公司制度的短板，一定要设法补齐，这样才能保障员工的利益，平息员工的不满，保护员工的工作积极性。

有一家公司各方面的制度都还不错，但就是薪酬制度存在诸多问题，多次引起员工的不满，不少员工因此而愤然离职。有一次，公司安排三名员工去接受培训，老板当时表示前去接受培训的三名员工每天将获得100元的补贴。

到了月末，公司核算工资时，老板表示："三名去接受培训的员工，在10天的培训期间，基本工资要扣除掉。没有完成当月工作任务的，也要按未完成任务的计酬方法来算工资（最低标准）。"

由于该公司给员工的基本工资为2200元，平均到每个工作日就是一天100元。那么，当初老板承诺的培训期间，每天补贴100元，完全就是一个大忽悠。同时，由于三名员工去接受培训，影响了当月工作任务的完成，这样一来，员工的工资就减少了很多。

当三名员工得知老板的计酬方式后，立即勃然大怒。他们认为员工在工作期间，接受公司的安排，基本工资不能扣除。在这个前提下，培训期间每天补贴100元才有意义。否则，老板不就是"骗"员工去接受培训，同时在员工身上省下一笔基本工资（扣除10天的基本工资）吗？

当三名员工找老板理论时，老板却说："我让你们去培训，那完全是器重你们，你们想一想，今天你们得到了培训，能力获得了提高，会给自己一生都带来好处，是不是呢？"

员工表示："我们压根就不稀罕这机会，当初要不是你说每天给100元补贴，我们才不去呢？没想到你这样坑人，我们不干了。"

最后，三名员工一同辞职，而他们是公司的骨干员工。三名员工离职后，公司一度陷入了困境，因为大家干不出活，公司没办法给客户满意的产品。

在这个案例中，老板斤斤计较于10天的基本工资，导致员工愤然离职，结果企业陷入僵局。由此可见，这家企业的老板非常小家子气，在员工的薪酬上算得非常清楚，而且算得不合理，以至于员工不满。

其实，无论是哪方面的制度，只要存在过于明显的短板，对企业的发展都是极为不利的。比如，有些企业特别不重视福利制度，过年过节的，别的公司发礼品，又发过节费，还请员工吃大餐，可他们公司呢？什么没有不提，还要求加班，员工心里觉得没有受到应有的重视，一次次累积，总有一天会爆发出来。

再比如，有些企业对考勤管得特别严，迟到了就要罚款，哪怕一个月仅有一次迟到也不例外。而员工全勤就是理所应当的，没有半点奖励。员工每天早上挤公交，火急火燎地来上班，若因堵车而迟到一两分钟被罚款，他们气不气愤呢？这种气愤积累下来，总有一天也会爆发。

所以，管理者一定要善于自查，对企业的制度进行满意度调查，听听员工有怎样的看法。如果很多员工对某一方面的制度有意见，那么管理者就要好好反省，是不是制度真的有问题？然后及时修正不完善的制度，努力创造人性化、规范化的管理机制，这样才能赢得员工的心。

6. 勿让公司制度与法律法规"撞车"

有句话说得好："我的地盘我做主。"很多企业老板都有这种观念，他们心里这么认为，并且嘴上是这么说的，行为上也是这么做的。"在我的企业，你就得听我的，否则，我让你滚蛋。"有了这种心理，他们制定的公司制度，也往往显得"无法无天"。

2008 年 10 月 28 日上午，张先生驾驶着公交车途经某路口时，发现一名路人骑车上了马路，为了避让他紧急刹车，结果造成公交车上的一位乘客摔倒受伤。伤者是名 50 多岁的妇女，经鉴定构成九级伤残。

事故处理完毕之后，公司总共赔偿伤者 13.9 万元，由于车辆有保险，其中 11 万由保险公司支付。公司领导找到张先生，要求他根据公司的规章制度赔偿公司的损失。公交公司有一部很重要的规章制度，叫《责任事故损失赔偿及行政处理办法》，其中规定负事故全部责任，按照第四条第一款第一项的规定，应当赔偿公司损失的 20%。

然而，到底怎样计算这笔费用呢？张先生与公司发生了严重分歧。公司要求张先生支付两笔费用，第一笔费用是超出 10 万元的那部分费用，因为张先生所在的公交公司有制度规定，凡造成 10 万元以上事故的人都要被解雇。如果想继续留在公司，就必须把超出 10 万元的部分补齐。第二笔费用是 10 万元的 20%，加起来总共 5.9 万元。

张先生不愿意出第一笔费用，但又不想被解雇，万般无奈之际，他将公司告上法庭。经过一个小时的审理，法官当场宣判，公司的制度不合理，张先生胜诉——公司不得解雇张先生。

《最高人民法院关于审理劳动争议案件适用法律若干问题的解释（二）》第16条规定："用人单位制定的内部规章制度与集体合同或者劳动合同约定的内容不一致，劳动者请求优先适用劳动合同约定的，人民法院应予支持。"在这里，"优先"二字非常关键，它表明在企业制度与法律法规产生冲突时，应该优先以法律法规为准则，这样才有利于保护劳动者。

事实上，很多老板不是不明白法律法规大于公司制度，但是他们心中有特权思想，又有侥幸心理，认为制度与法律法规有冲突没关系，员工想在自己的企业里工作，就必须认可这些制度。殊不知，这种想法是有风险的。一旦公司出现劳资纠纷，员工把公司告上法庭，最终败诉的肯定是用人单位。所以，经营公司还需以法律为准绳，做一个守法的企业管理者，尤其是做老板的，一定要敬畏法律，坚决不制定与法律法规"撞车"的企业制度。

7. 让规章制度与时俱进

有这样一则新闻：

沈阳军区某师某连队的一级士官李强因熄灯后在电脑室"打游戏"被机关通报批评。但李强的上级干部却找到机关人员："小李当时不是打游戏，而是承担网上模拟对抗训练教学示范任务，在'备课'。"为此，他还拿出新编修的《军事训练与考核大纲》，翻开"开展网上模拟对抗训练"等条款作为依据。

未想到，机关人员也拿出一本材料——《网络终端管理使用规定》，翻开材料内文，指着一条念到："禁止利用网络室、学习室的电脑玩游戏……"只不过，他拿的材料是5年前的规定。小李的上司与机关人员各执己见，争执不休，一时间激起千层浪。

后来，该连队的上级部门在调查中发现，部队现行的《网络终端管理使用规定》《军事训练尖子评比细则》等多本规章制度都是几年前制定的，而其中的一些条款被沿用多年，不适应当前的时代需要。于是，上级部门立即派相关人员对这些过时的条令、款项进行了修改。

类似的现象还有不少，据报载：2007年1月19日，青岛一名三年级的女生因被火车撞而身亡，当时女孩的父母仅得到600元的赔偿。铁路部门赔偿的依据是1979年颁布的暂行规定，但是这一"暂行规定"已经暂行了28年，在这28年间，没有得到更新和调整。这一案例引起了社会各界的深刻反思，也值得我们企业的管理者去反思：为什么规章制度不能与时俱进呢？

企业管理者一定要认识到，在过去制度的基础上补充、完善，建立更符合当下的规章制度，才能保证企业更好地向前发展。

8. 制度设置要抓重点，要简洁、明确

不少公司的制度文本拿出来一大摞，厚得像一本书，翻开内文，细细一看，里面啰唆的内容一大堆。原本一句话可以说清楚的内容，硬生生地扩展成一段话，好像上面的字越多，制度所反映的问题就越全面一样。

其实，真正好的制度并不是越复杂，条款越多越好，而是针对一定的问题，把该考虑到的方面考虑到，避免有些"坏"员工钻了制度的空子。与此同时，制度的表述应简洁、明确、言简意赅，让大家看得明白，容易执行。

说到容易执行，我们就不得不提制度的另一个极端，那就是过于简单、过于模糊笼统，没有具体的执行标准。举个例子：

某公司员工上班迟到的现象屡见不鲜，有时候甚至过了9点，只有两三个员工准时坐在电脑前办公，多数员工还没到公司。10分钟之后，那些迟到的员工手里提着早餐，三三两两地来到公司，然后大家打开电脑、聊着天、吃着早餐、看着新闻，这么一折腾，时间差不多到了10点，原本3个小时的上班时间，仅剩2个小时。

有几次，公司领导来到公司，发现很多员工没来，于是意识到要解决这个问题。一天，他开会时宣布："大家注意了，为了提高工作效率，以后上班不要迟到了。"就这么一句话管用吗？当然不管用，这句话说出来等于没说。因为这项规定没

有监管的负责人，没有任何惩罚措施。

果然，那些习惯了迟到的员工，除了在会议的第二天做了做样子早到之外，过后又和往常一样了，他们继续发扬着上班迟到的"工作作风"……

在这个案例中，领导者针对具体的问题——员工上班迟到频繁的现象，做了一个规定："以后上班不要迟到了。"这个规定抓住了迟到的问题，但是没有提出具体、明确的要求和处理措施，也没有指定具体的监管人，因此，这项规定流于形式，如风中的烟雾般很快就烟消云散了。如果该规定明确指出，上班以后迟到多少分钟，要扣发多少钱；考勤制度由谁来具体负责监督实施等，那么效果就会大不一样了。

现实中，公司在制定制度的时候，发生这种舍本逐末、表述烦冗或者过于笼统、不够明确的现象是非常普遍的。制度的出台，是为了让公司全体成员去执行，如果制度条文太累赘，就会削弱制度的威信。比如，有一家纺织厂的《安全守则》中，有这样一条："公司厂区内不得燃放可燃性或容易导致燃烧的器具。"这句话就不够简明，不易被人理解，其实这句话的意思就是——厂区之内，严禁烟火。

9. 防微杜渐，把好"入口关"

菲利普·津巴多是美国斯坦福大学的一位心理学家，他因曾经做过一项著名的实验而被广为人知。实验是这样的：

他找来两辆一模一样的汽车，一辆停放在清洁的社区，一辆停在杂乱的街道上，将其招牌摘下来，并且将车窗的玻璃打破。结果，停在杂乱的街道上的车在当天就被偷走了，而停在社区里的那辆汽车，一个星期了依然停在那里。后来，他用锤子把这辆车的玻璃敲破，结果，仅过了几个小时，它就不见了。

津巴多的实验告诉人们，如果有人打坏了窗户的玻璃，而这扇窗户得不到及时的维修，别人就可能受到某些暗示性的纵容，而去打烂更多的窗户玻璃。时间一长，这些破窗户就会给人一种无序感。结果，在这种公众的麻木不仁中，犯罪就很容易滋生，这就是著名的"破窗理论"。

在企业管理中，"破窗理论"所揭示的现象也经常发生。比如，公司制定了一项制度，有一名员工没有遵守，但是他没有受到相应的处罚，结果，第二个员工、第三个员工、第四个员工也违反了该制度，同样也没有受到相应的处罚，到最后这项制度就失去了意义，公司就会陷入一种无序之中。

破窗理论对企业管理者来说，有很大的启示作用。一方面，管理者应该做到防微杜渐，让制度本身满足科学合理性，尽量让公司的每一项制度都接近于完善。另一方面，当员工违反制度时，一定要严肃地处理。这就如同发现窗户玻璃破了之后，立即修复玻璃一样。

当然，最重要的是防微杜渐，从源头做起。什么是源头呢？企业员工才是源头。如果企业管理者一开始就严把"入口关"，严格企业招聘标准，尽可能选拔品德好的员工，那么后面的管理工作就会轻松许多。品德好的员工，其工作态度、自觉性以及对公司制度的遵守都会做得比较好，这样对于他们的管理就会减少很多问题。

怎样才能招聘品德好的员工呢？微软公司项目主管莎侬·彼得斯说："我们寻找那些有潜力的人才，因此在面试过程中我们将应聘人员置于一种真实的工作情景中。"也就是说，借助模拟真实的工作情景组成评估小组，则可以挑选出最佳人才。

把人才招聘到公司之后，还要加强员工的素质培训。具体的培训内容，公司可以根据具体情况来定。但无论培训什么，有一点内容是不能少的，那就是给员工上一堂规章制度课，明确地告诉员工："今后一定要遵守制度，照章办事，凡是违反制度的，公司绝不心慈手软。"员工听不听是他们自己的事，遵不遵守公司的制度也是他们自己的事，但是一旦他们违反了制度，惩罚则是公司管理者的事，管理者有这个权力。做到了这点，才能防微杜渐。

10. 不合理的调动，对双方都是一种折磨

在企业内部，每位员工都有自己擅长的领域，也都有明显的劣势。管理者在进行人员调动时，一定要充分考虑个体的差异性。一旦工作调动不合理，不仅不能提高工作效率，反而会伤害员工的工作积极性。

不合理的工作调动，对管理者和员工都是一种折磨。事实上，任何一个人放对了地方都是好员工，但如果分配错了部门，自然难以有好结果。作为管理者，为下属安排工作职位时

要谨慎，尽量避免工作分配以及调动的不合理，只有这样才能避免人才给企业拖后腿。

约翰是一家大型销售公司的总经理，他手下有一个年轻的伙计，销售能力很强，工作也很卖力，对待顾客也十分用心。他在销售上的出色表现不仅为他自己挣了很多钱，也给公司带来了丰厚的收益。这样的人才怎么可能不受重用呢？于是，约翰破格提拔他升任销售经理一职，并把 12 个人的销售团队交给他管理。

最初的一年，年轻人干得还算不错，但很快，他便经常迟到，销售业绩也开始大幅度下滑，底下的员工们对他的意见很大。所以，约翰专门找了一个时间约他谈话。经过详细的了解，约翰才意识到自己犯了一个多么严重的错误，升任他为销售经理的调动根本就是不合理的。

这位年轻员工最讨厌做的就是案头工作。升任经理后，他有了更响亮的头衔，工资高了，还有了专车，但那些令他讨厌的文件却堆积如山，会议更是没完没了。得知了这一切后，约翰毫不犹豫地给他提了薪，并给他分了一间更大的办公室，还保留了专车，因为好的销售员是可遇而不可求的。事实证明，约翰的决定是极其正确的，如今这位年轻员工赚得更多了，也为公司赚了很多钱。

永远都不要把员工调到他们不喜欢的岗位上去，有时候提拔升职，也不见得是好事。所以不管是升职还是工作调动，都要提前征求一下对方的意见，看看对方是否愿意接受。只有充分顾及下属的意愿，才能避免不合理的人事安排，彻底走出"对看两相厌"的尴尬局面。

11. 明确告诉员工制度的前因后果，让他明白该怎么做

在企业管理中，有一个常见的问题：企业制定了某项制度，员工却不乐意执行或执行不力。管理者感到不解，认为员工公然违反制度，是挑衅制度的威严，于是严厉地处罚员工。按理来说，员工不遵守制度，受到处罚是应该的，但是在没有搞清楚员工为何不遵守制度的情况下，贸然地处理员工，未免显得操之过急。

有一家公司的行政主管在某一天出台了一个规定：按照座位的顺序，大家轮流打扫公司的卫生，每个人值日一周，每周一、三、五这三天打扫卫生。然而，行政主管嘴上却说：女生可以不用打扫卫生。但奇怪的是，在公告栏的值日表上，女生们的名字清楚地写在上面。

行政主管为什么规定女生不用打扫卫生呢？男同事们不得而知，大家私底下犯嘀咕：难道行政主管有意偏袒女同事？若真是这样，那就不公平了。女同事相对于男同事虽然弱势了一点，但不至于弱到不用打扫卫生。

这项制度出台之后，执行情况并不好，时常有同事不做值日。当然，并非他们故意不值日，而是因为行政主管言行不一致，让大家感觉规则混乱了。他嘴上说女同事可以不值日，为什么又在公告栏的值日表中把女生排上？大家在轮流值日时，到底该跳过女生，还是应该把女生算进去呢？

一个很简单的事情，因为一个糟糕的制度规定，导致事情

变得复杂，使公司卫生状况没有保障。由此可见，糟糕的制度会让员工变得糟糕，让大家的执行力变得糟糕。试问，如何才能避免案例中的问题呢？其实，最简单的做法是：在出台制度之前，明确地告诉员工制定这项制度的原因和动机，让员工明白该怎么去遵守。

回归到上面的案例，如果行政主管在出台制度之前，和大家进行简单的商议，向大家说明情况：之所以提议女生不值日，是因为值日的工程量"浩大"，女生体力有限，应付不过来。因此，出于照顾女生的考虑，不让她们值日。然后询问大家对此是否有异议？如果大家没有异议，那么在值日表中，就不应该将女同事排进去，以免男同事产生误解，认为女生应该按值日表上的规定去轮换值日。

如果大家有异议，要鼓励大家说出来，然后在民主协商的前提下修改这个制度。比如，为了公平起见，可以让两个女同事合为一个值日小组，和男同事进入轮换，这样很好地兼顾了公平原则与照顾女同事的原则。当行政主管做到这些时，既能让大家感受到尊重，又能让大家明白制度的前因后果，便于更好地执行到位。

12. 制度朝令夕改，员工就会找不着北

在企业管理中，有一种经常令员工们苦不堪言的管理者。他们出台规定，朝令夕改，今天这样规定，明天那样调整，整得员工不知所云。结果，员工怎么做也不符合他们的要求，员

工感到非常受打击。

有个年轻人在一家公司担任经理助理一职，但是他工作得很不开心。理由是他很怕见到老板，不知道怎么工作是对的。他说，老板经常不停地改变想法，出台各种规章制度，让他无所适从。老板经常说的话是"你这样做不行""你把那个通知追回来""准备修改一下原来的方案"等等。

还有一家规模不小的公司，在管理上也出现了朝令夕改的问题。公司一切都看老板娘的心情，老板娘今天开心，出台一项福利制度，可是明天却予以否认，或说忘记了，或说昨天出台的制度没有细想，还要具体思考一下。然而，当你没有按照制度执行时，她却突然想起某项制度，大声质问你的不对。

曾经有一次，公司要出台员工绩效考核制度，但是这项制度前前后后改了五六次，到最后还是没有确定。或许是因为这些原因，公司的员工频繁流动，今天招来 30 名员工，一个星期后可以炒掉 29 名员工。

管理者在出台制度、下达命令时朝令夕改，会让员工摸不着头脑，无法应对工作，整天忙着收拾残局。在这样的企业里，员工不可能快乐，因为他们工作起来没有积极性，没有成就感。这样的企业也是没有希望的，因为它缺乏向心力和凝聚力，管理者彻底失去了员工的信任。所以，企业管理者要认识到朝令夕改的危害，改变这种不良的管理习惯。

在制定制度时，管理者要考虑到客观情况的变化，要有前瞻性、全局性地看待实际情况。尽可能地制定多种制度方案，慎重地从中选出最佳的一个方案，以保证制度经得起客观实际的考验，即使遇到一些突发性事件，也不至于大幅度地调整制度。

制定制度是为了真正能够解决实际问题，如果制度对解决实际问题没有任何帮助，比如制度空洞无物、过于抽象，让人无所适从，或者制度要求过于严格、目标太高，让人无法达到等，这样的制度就是没有意义的制度。因此，在制定制度时，要从实际出发，结合企业的具体目标，站在全局的高度，把握制度的具体性和可行性。

有些企业花了很长时间制定了详细的制度，但就是执行不下去。为什么呢？这与制度缺乏民主性和人性化有很大的关系。要知道，如果只有生硬的制度没有体现出人性化，员工没有明确制度出台的动机和细则，往往会产生排斥和不认同的心理。因此，在制定制度前期，应多与员工交流，听取员工的意见，并在制度中附上明确的考核体系和奖惩标准，这样的制度才会产生约束力和激励性，才容易被员工有效地贯彻执行。

第四章
制度执行不讲如果，只讲结果

　　要想把企业经营好、管理好，光有好的决策是不够的，还必须具备超强的执行力。联想集团总裁兼 CEO 杨元庆说过："企业的成功，20% 在决策，80% 在执行。"可见，没有执行，再伟大的战略都等于零；没有执行，企业就彻底失去竞争力。同时，在执行的时候一定要以结果为导向，任何找借口、打折扣的执行都应该避免，坚决做到"不讲如果，只讲结果"。

1. 一流的执行比一流的点子更重要

很多管理者有一流的创意和点子，注重制定一流的战略，但是下属却用三流的执行力来对待一流的战略，最后的结果与想象中的大相径庭。但如果企业有一流的执行，即使创意和战略差一点，企业也会充满希望。

日本软银公司的董事长兼总裁孙正义与马云曾经探讨："一流的点子加上三流的执行，与三流的点子加上一流的执行，哪一个更重要？"结果他们得出一致的结论："三流的点子加一流的执行，比一流的点子加三流的执行更重要。"

1997 年 6 月，世界拳击史上爆出了一个丑剧。在一场重量级拳王争霸赛中，著名的拳王泰森与拳坛名将霍利菲尔德对垒。在比赛中，泰森急于求成，他想在短时间内结束战斗，但对手霍利菲尔德却采取拖延战术，他不急不躁地按既定的战术比赛，并利用身高臂长的优势，很好地牵制了泰森。

每当泰森使出组合拳时，他就对泰森搂抱，这样极大地消耗了泰森的体力。泰森有劲使不上，因此非常恼怒，在愤怒之下，他居然咬下霍利菲尔德的一小块耳朵。没想到，当霍利菲尔德处理好伤口继续登台比赛时，泰森再次咬了他的耳朵，裁判只好终止了这场荒唐的比赛。

比赛后的第二天，美国有个大型超市就出现了一种名叫"霍利菲尔德"的巧克力，其形状栩栩如生，就像人的耳朵。这种新奇的巧克力，立即引起了好奇幽默的美国市民的哄抢，大家都想像泰森一样咬老霍的"耳朵"，那家生产"霍利菲尔德"巧克力的厂商因此大赚了一笔。

"耳朵"好吃吗？生产"霍利菲尔德耳朵"这个点子未必是最好的，但由于该厂在最短的时间内，将这个点子付诸实施，很好地抓住了消费者追求新奇的心理，所以赚了一大笔钞票。如果你的企业也有生产"霍利菲尔德耳朵"的那种执行力，那么你定能抢先抓住转瞬即逝的市场商机。

任何一家企业要想获得成功，都不能缺少执行力。团队执行力越强，企业越有希望。《执行力》一书的作者保罗·托马斯和大卫·伯恩，曾在书中说过这样一段话："满街的咖啡店，唯有星巴克一枝独秀；同是做 PC，唯有戴尔独占鳌头；都是做超市，唯有沃尔玛雄踞零售业榜首，而造成这些不同的原因是各个企业的执行力的差异，那些在激烈竞争中能够最终胜出的企业无疑都是具有很强执行力的。"

一流的执行力是企业生死存亡的关键，是企业核心竞争力的重要体现。如果企业没有执行力，那么企业就将失去核心竞争力。微软公司的创始人、世界首富比尔·盖茨多次坦言："微软在未来 10 年内，所面临的挑战就是执行力。"实力如此强大的公司，都要如此强调执行力的重要性，那么，对于那些中小企业来说，更应该着力打造企业的执行力。

2. 制度的生命力在于不折不扣地执行

很多企业制定了成套的管理制度、工作标准，大到厂纪厂规，小到领物规定、作息规定等，不可谓不完善。如果这些制度能贯彻执行下去，对企业绝对有很大的帮助。但遗憾的是，很多企业把制度当作花瓶和摆设，导致制度流于形式——做出来只是为了给别人看，却没有体现在执行中。

看看那些破产或倒闭的企业，它们破产或倒闭的原因在哪呢？很多人可能会说，是管理者的决策失误或者领导不力。也许有这方面的原因，但在管理者没有失误、公司制度没有问题的情况下，有些企业依然会破产，这是什么原因呢？其实，出现这种问题的根源在于制度没有得到有效执行。

东北某地有一家工厂倒闭了，之后该工厂被一家日本公司收购。日本总部只派来一位日籍管理者，他上任之后，没有风风火火地搞改革，而是遵照工厂原来的规章制度搞生产。结果不到一年，工厂就起死回生了。这是怎么回事呢？原来这位日本管理者上任之后，只做了一件事：强化制度落实。

这个案例告诉我们，企业倒闭的原因是多方面的，但根源可能不在别处，而在于制度没有得到不折不扣的落实。由此可见，制度再合理完善，如果没有强有力的执行，也没有意义。只有付诸实践，不折不扣地执行，制度才能发挥作用，企业发展才有保障。

把眼光放到那些发展势头良好、生命力强大的企业身上，我们就会发现它们成功的原因所在。在这些企业，管理者一定是强化制度执行的人，决不会无视制度的权威。当他们发现有不遵守制度的情况时，肯定会严肃处理，决不姑息。

三国时期，诸葛亮挥泪斩马谡，在军中树立了不折不扣地执行制度的楷模。今天的康佳公司，严肃处理了违反制度的员工，也为现代企业管理者树立了榜样。如果你想管好企

业，想让企业不断发展壮大，一定要让公司的制度不折不扣
地执行。

3. 没有有效的执行，再伟大的战略都等于零

在一份针对1000名职业经理人的问卷调查中，面对"如
何落实公司的目标"这个问题，80%的经理人的回答显得语
无伦次和空洞无物。他们多数这样回答：创造愿景、成立团
队、授权员工等等，但是具体怎么做呢？他们没有提到，而问
题恰恰就出在这里。

战略很重要，因为它意味着企业的发展轨迹；愿景规划也
很重要，因为它是企业发展的方向；授权员工也很重要，它保
证了每个员工都有展示自我才华的机会……但不可否认的是，
想这些重要因素发挥作用，必须依靠执行力。如果没有执行力，
那么所有卓越的方案都只是空谈，所有完美的计划都只是幻想。

执行力是决定企业成败的一个重要因素，是21世纪构成
企业竞争力的重要一环。执行力是企业的核心竞争力，没有执
行力，企业就没有核心竞争力。通用电气、IBM、微软、戴
尔、松下电器等企业之所以成功，与其杰出的执行能力有着直
接的关系。

如果提到近年来发展势头迅猛的卓越公司，我们就不得不
提戴尔公司。戴尔公司在不到30年的时间里，一跃成为世界
最大的PC制造商。这简直是一个神话。很多人把戴尔公司的
成功归结于它所实行的直销策略，但客观地说，实行直销策略

的企业有很多，但真正成就卓越的并不多。那么，戴尔公司的成功秘诀到底是什么？答案是：踏踏实实做事的执行文化。

在戴尔公司，管理者对于具体问题、细节问题十分关注，并且在20多年的发展中，这种关注具体问题的精神丝毫没有减弱和动摇。与很多公司犯"言出不行"的错误不同，戴尔公司具有言出必行的传统美德。每一名员工都必须尽职尽责地对待自己的工作，每一个环节都在上级领导的监督下落实到实处。

正是由于每一名戴尔员工都重视具体的事情，公司所实行的订单生产才能取得最大化的经济效益。因为只有把每一个环节的工作落到实处，企业的存货周转率和资金周转速度才能提高。怎样才能把每一环节的工作落到实处呢？要做到这一点，不仅需要员工明确自己的职责，并且把自己职责范围内的工作做好，更需要高层管理者将关注的焦点从美好的设想转移到具体的问题上来，然后制定可执行的行动方案，并关注方案的执行进展。

一个企业要想取得卓越的成就，仅有卓越的战略规划是不够的，还必须有脚踏实地落实计划的韧性和勇气，这就是执行力。正如欧莱雅（中国）有限公司的总裁盖保罗先生曾说的那样："一个企业要想取得成功，就必须既要像诗人一样有激情，又要像农民一样实干，只有诗人加农民才能站稳脚跟。"

实际上，不论是诗人的激情，还是农民的实干，都不应该仅为企业中的某个人或者某些人所有。不管你是CEO，还是中层领导者，你都应该同时拥有这两种精神，这样你才能把战略和执行有机地融合，把理想和现实完美地结合在一起，才有机会立足现在，创造未来。

4. 做管理，就要把执行力当作经营成败的关键

很多人把公司经营失败的原因归咎于策略失误。2003 年初，拉里·博西迪和拉姆·查兰所著的《执行——如何完成任务的学问》一书问世并风靡全球，他们在书中指出：执行力才是企业经营成败的根本原因。

通用公司前 CEO 杰克·韦尔奇很早就说过："即使是错误的决策，我们也可以通过执行来把它做对，而不是再回来讨论。"这个观点有力地证明了一点：执行力才是企业成败的关键，如果没有执行力，一切创意、战略、计划都将成为空中楼阁。

研究表明，凡是高速发展而且发展得好的世界级企业，都是因为他们有好的执行力。IBM 总裁郭士纳曾说："一个成功的企业和管理者应该具备三个基本特征，即明确的业务核心、卓越的执行力及优秀的领导能力。"在他看来，执行力是企业成功不可缺少的特征之一。

思科系统公司（Cisco Systems，Inc.）是全世界最大的网络设备公司，也是 2000 年全世界股票市值最大的公司。很多人认为，这样一个拥有强大技术和实力的公司，其核心竞争力肯定是技术，但是 Cisco 全球副总裁林正刚却认为 Cisco 的成功不在于技术，而在于执行力。由此可见，世界级的大公司多么重视执行力。

执行的关键在领导者，如果领导者能强化贯彻，对提高企

业的执行力是很有帮助的。当然，企业的成功主要靠团队执行力，团队有执行力，企业才有竞争力。把团队的执行任务分解到个人，就可以看出个人的执行力。从每一个员工的执行力上，可以看出企业是否有执行力。

在执行中，很多员工是为领导而做的，领导说什么，他们就做什么。对此，周厚健表示，执行绝不是领导说一句，你就做一件事；领导布置一个任务，你就完成一个任务。执行不是为领导而做，而是为企业而做。

那么，如何强化团队的执行力呢？

第一，树立明确的目标，确定执行力的方向。确定目标，是一个老生常谈的话题，但确定目标并不是容易的事。确立目标的基础是前期做大量的分析调研工作。在制定大目标之后，要进一步将目标分解，所谓"千斤重担大家挑，人人肩上有指标"这里的指标就是每个员工的目标。如果每一名员工都能完成自己相应的指标，那么企业的大目标就能得以实现。

从企业"大"目标到部门"中"目标和员工"小"目标，体现了目标的层级关系。正是因为有了目标分解，目标才会越来越具体，越来越有操作性。当企业目标明确时，大家才会各司其职，而不是像盲人骑马，走到哪算哪。当企业目标明确时，各个部门、各个员工才能在执行中形成一股合力，从而更好地发挥聪明才智，促进目标的达成。

第二，引导员工实现团结协作。团结协作是一种良好的职业道德，需要企业营造一种团结协作的环境。要想做到这一点，可以从几个方面入手：一是树立美好的愿景，让员工看得到企业的前景，为共同的奋斗目标而努力；二是建立明确的工作职责与工作目标及合理的薪酬体系，因为清晰的工作职责与目标，对员工找准努力的方向十分有利；三是加强员工教育，培养他们团结协作的合作精神。

5. 执行就是：现在、立刻、马上

在西点军校，每个学员都要接受一个观念："不要拖延，立即行动！"皮鞋要及时擦干净，被子要及时叠整齐，不容许有丝毫的拖延。想想吧，如果不是擦皮鞋，而是在战场上，在修筑工事时，在对敌冲锋时，你拖延的习惯将会给你、给全军带来多么可怕的后果。这并不是把问题绝对化，因为商场和战场一样，工作就像战斗。要想在商战中立于不败之地，管理者就要充分激发员工的执行力，从而带出一支高效、有战斗力的团队。

人们常说这是一个"大鱼吃小鱼"时代，其实，更准确地说，这是一个"快鱼吃慢鱼"的时代。速度在企业竞争中越来越重要，当企业决策出台后，要求的是现在、立刻、马上去执行，不容许有半点拖延，这样的执行力才是最高效的。

在当今激烈的市场竞争中，衡量一个企业、一个团队、一个员工的执行力，关键是看速度、看效果。如果一个团队能在保证完成任务的同时，以远远快于同行的速度去执行，那么这个团队将会所向披靡，这个企业将会前景无限。反之，如果团队执行速度慢，就很容易贻误战机，这样再完美的执行也会失去价值，团队就没有执行力了。所以，大凡成功的企业家都倡导"现在、立刻、马上"去执行。

1999 年 2 月的一天，马云带领从北京回到杭州的 18 人，在自己家里召开了一次全体会议。这次会议之后，18 个像马云一样的"疯子"就开始迅速行动起来。其实，当时很多人并不理解马云的创业意图。当马云把网站的经营模式和盘托出时，程序员不同意，一些编辑人员也反对，他们对电子商务模式的认识还停留在 B2C 和 C2C 上。这也不怪他们，因为当时世界上成功的电子商务模式只有这两种。

在 18 人中，多数人认为马云脑袋里装的 B2B 模式不可能成功。马云努力倡导自己的想法，但是没能说服他们，在这种情况下，马云只好用一个创业"头儿"的身份来下命令："你们立刻、现在、马上去做！"

马云下令后，团队没有任何怨言，大家分头行动，快速展开执行。事后马云说："我很少固执己见，100 件事里难得有一件。但是有些事，我拍了自己的脑袋，凡是觉得自己有道理的，我一定要坚持到底。"在后来阿里巴巴的发展过程中，像这样的情况出现过很多次。

有人说，阿里巴巴不是计划出来的，而是在"现在、立刻、马上"的执行理念中干出来的。在马云的带领下，阿里巴巴团队朝着自己认为正确的方向疯狂奔跑，最后他们成功了。

每个企业都渴望高效的团队执行力，但是执行力的提高并不是简单的事情。企业要想为执行提速，必须建立一套完善的控制制度。这套控制制度要为执行排除不必要的障碍，比如，消除繁杂的程序、严重的等级、官僚主义、推脱责任、拖延等不正之风。这套控制制度还要求每个管理者带头落实，每个员工严格遵守，并且大家还要互相协作，只有这样，团队执行力才能成功提速。

6. 执行力不讲如果，只讲结果

"不找借口"是西点军校的流传已久的传统。在西点军校，不管长官问什么，学员只有三种回答："报告长官，是。""报告长官，不是。""报告长官，我不知道。"除此之外，不能多说一个字。当长官向学员下达指令时，学员必须重复一遍长官的指令。当长官问学员："有什么问题吗?"学员通常的回答是："没有，长官。"这就意味着接受了长官的命令，意味着承诺和责任，剩下的就是不找借口、绝对执行。

当长官问："为什么不把鞋擦亮?"如果学员回答："哦，鞋脏了，我没时间擦。"那么很可能遭到长官的一顿训斥。因为长官要的是结果，而不是似是而非的借口。没有任何借口是西点军校奉行的重要的行为准则，它强化了每一位学员的执行力，提高了每一位学员的责任心。从西点军校走出来的学员在工作中很少找借口，因为"不找借口"的理念已经烙刻在他们的思想里。

德国国家足球队也有"不找借口"的传统，他们在足球场上取得过辉煌的战绩。其中，最大的原因就是彻底贯彻教练的意图、承担自己的角色所担负的任务。即使球队在场上比分落后，球队陷入困难，他们也一如既往地执行既定战略，不找任何借口。这种执行精神是每个企业管理者都应该具备的。

彼特是公司的营销部经理，主要负责产品营销业务，深得上司的器重。然而，有一次他由于执行不力，导致一笔重要的业务被别人抢去了，给公司造成了较大的损失。事后，领导询问他为什么会错失这笔业务，他说："如果不是我的脚伤发作，我就不会晚半小时到达，那笔业务就不会被对手抢去。"

原来，彼特曾经经历了一次车祸，他的脚在车祸中受伤了。不过，受伤并不严重，只是轻微的跛，根本不影响正常行动，也不影响工作。如果不仔细看，谁也不知道他跛脚。领导听了他的解释，虽然不是很高兴，但是想一想彼特给公司做出的贡献，就原谅了他。没想到，领导的宽容没有换来彼特的回报，反而使彼特越来越频繁地找借口。每当遇到有点棘手的业务时，彼特就会以腿脚不便为由推诿工作。如果有比较好揽的业务时，彼特就会跑到领导面前，说："我的脚不行，公司应该在业务方面对我照顾点。"

渐渐地，彼特养成了找借口的习惯，每当执行不力时，他就会找借口推脱责任。时间一长，他的业绩下滑了很多。领导原本器重他，见他越来越爱找借口，对他感到非常失望。终于有一天，领导忍无可忍，将其扫地出门。

职场是一个靠业绩说话的地方，而不是靠借口生存的地方。俗话说："躲得过初一，躲不了十五。"你找借口能混一时，却无法一直混下去。

综观《财富》500强公司中的管理者，他们有一个共同的优点：执行只讲结果，不讲如果。无论在执行中遇到何种困难，他们都只会想尽办法去解决，他们相信方法总比困难多，他们牢记自己的责任，一旦接受了任务，就会负责到底。正是因为执行力强，他们才能成为世界 500 强企业中的一名管理者。

7. 令出如山，决不妥协

深圳万科企业股份有限公司董事长王石说过："企业最缺的不是制度，而是制度的执行。"有制度没执行，制度就会成为一纸空文。在中国企业中，一个最大的问题就是制度多、执行少、执行不到位。难怪海尔集团总裁张瑞敏说："制定一项好的制度很重要，能够坚决执行则更重要。"

有个成语叫"令出如山"，意思是军事命令像山一样不可动摇，形容上司下达命令，下属坚决执行，不找借口，不得违抗。真正好的执行就应该如此，决不允许下属找借口，上司决不能轻易向下属妥协。

企业老板应该有威严，发出一项命令之后，就要让员工坚决执行，决不容许员工拖拖拉拉、打折扣地执行任务。只有这样，企业的决策才能落到实处，才能为企业带来效益，才能保证企业的发展。

总经理对后勤部门的张主任说："张主任，每年的这个季节都是火灾的高发期，去年就有一场大火把我们邻居单位烧光了，损失惨重。今年我们一定要做好火灾的防范工作，坚决避免发生火灾。"

张主任说："明白了，最近几天我在忙手里的工作，过几天我就把你的话传达给全体员工。"可是，张主任这一拖就是半个月，半个月后，张主任才向全体员工传达总经理要求大家防火的命令。但是不到3天，公司的厂房就失火了，很多原材料被烧毁。

总经理怒气冲天，把张主任叫了过来，对他吼道："前些日子，我跟你说过，要让大家注意预防火灾，你有没有传达我的指令，你是怎么做的？"张主任两眼干瞪着，说："我跟大家说过啊，一定要把火灾的引起者找出来，要严惩……"

总经理这叫"令出如山"吗？当然不叫！令出如山是指命令发出之后，要让下属立即、马上去执行，而不是听到下属说"我最近有点忙，过几天再执行"后，就说："好吧，你过几天再做也行。"尤其是重要的事情、重要的命令，一定要注意执行的时效性，一旦拖拉，就可能贻误战机，酿成大祸。

总经理对张主任听之任之的态度，叫"令出如山"吗？当然不叫。令出如山是指一定要让下属执行到位，一定要有一个好的结果，而不是把上司的话传达给下属就完事。在命令下达后，一定要制定相应的防范措施，比如，让张三检查一下灭火器，看看是否需要更新；让李四调查一下市场上的防水系统，看看是否需要买一台新的回来；让王五联系当地的消防部门，组织一次全体消防培训。再组织员工研究一下火灾的隐患在哪里，让大家加强防范。这才叫真正的执行，这才是令出如山。

老板一定要像将领一样下达任务，做到令出如山。无论员工找什么借口，说什么理由，有什么困难，老板都不能轻易改变已经发出的命令。老板可以给员工提出建议，为员工执行提供条件，但决不能允许员工拖泥带水、拖延执行。如果员工执行不力，该挥泪斩"马谡"就要当即立斩。只有这样才能保证执行的效果，也才能树立老板的威信和影响力。

8. 有了制度不执行，比没有制度还糟糕

制度是企业发展壮大的先决条件。但是，有了良好的制度，并不等于企业就可以高枕无忧了。在制度的执行和遵守上出现差错，比没有制度还要糟糕。在执行制度上出现问题，会给员工造成"制度是一纸空文"的心理，严重影响企业的日常管理；在遵守制度上出现问题，员工就会不断犯错，公司也会因此蒙受巨大的损失。因此，管理者必须十分注重制度的执行和遵守。

有制度容易，执行制度难，让每个人都遵守制度更难。如果想让公司制度切实发挥它的作用，管理者必须严格执行制度，坚决按照制度办事，决不能偏听偏信，要杜绝息事宁人的想法。员工必须对公司制度绝对服从，不能钻制度的空子，也不能得过且过。

没有制度很可怕，有了制度不执行就更可怕。有时候，公司的很多事情并不是坏在制度上，而是坏在对制度的执行上。某造纸厂生产车间发生了严重的火灾，几十万的成品和原材料化为灰烬，数十名员工被大火吞噬葬送了宝贵的生命。事后，心力交瘁的厂长做了深刻反省，他将这场大火的起因归结于所有人对制度的轻视。

该生产车间在改组之后，有许多插座空闲下来。车间工人

在工作时间手机没电了，就会用它们来充电。这些插座是建厂之初安装的，大部分都已经老化，很容易出现故障。公司就制定一条纪律：严禁使用车间的插座。然而，长时间来车间插座没有出现任何问题，管理层就睁一只眼闭一只眼。慢慢地，有些胆大的员工开始用电饭煲煮夜宵，而电饭煲就是这场大火的导火索。一天夜班，某生产线组长应大家要求，为大家煮方便面当夜宵。由于长时间的连续使用，劣质的电线胶皮开始融化，随后插座喷出火星。旁边放置的成品被火星喷到之后迅速燃烧，造成了这场重大生产事故。

倘若该造纸厂的管理人员在制度制定之初就严格执行，员工就不会在车间大肆用电，这场事故也就不会发生。管理企业离不开良好的制度。若不能严格执行制度，再好的制度也会变成危险的毒药。

企业执行力的大小，是衡量其竞争力的关键因素之一。把制度束之高阁，让制度成为一纸空文，只会助长我行我素、任性妄为的不良作风，长此以往，企业的向心力和凝聚力就会涣散，竞争力就会减弱。只有按制度办事，制度的威慑力才能呈现出来，违反制度的人才能够从中吸取教训，其他人才会引以为戒。

9. 制度执行要从小处抓起

俗话说："一屋不扫何以扫天下？"对执行来说，一件小事都不能执行到位，又怎么保证把大事执行到位呢？因此，真正的执行应该从小处抓起，从小事抓起，这不仅关系到细节问题的处理，更关系到对员工工作态度的历练。

有些管理者对于执行要从小事抓起认识不够深入，认为没必要纠结于小事，而应该抓大放小。殊不知，企业竞争力的培养，往往取决于企业要素中最薄弱的一环。只有真正重视小事，从小处抓执行，才能让人把执行意识带到工作的每个地方。

30多年前，格茨·维尔纳在德国创办了第一家无限的爱（组织）日用品和化妆品连锁超市（DM）。在经营管理过程中，他非常注重执行细节，非常重视从小事上抓执行。靠着这种执行精神，他先后创办了第二家、第三家分店，公司的规模也越来越大。

一次，维尔纳巡视一家DM分店时，突然叫分店经理把扫帚拿过来。分店经理将扫帚递过来，疑惑地问道："维尔纳先生，你这是要干什么啊？"维尔纳说："你看灯光的亮点都聚集在地上，不是很浪费吗？"说着，他用扫帚把灯管拨了一下，让灯光照在货架上。

这么小的事情，维尔纳都关注到了，并且身体力行地为员工示范，这让员工记忆深刻。正是靠着这种追求细节的执行力，维尔纳的连锁店开到了1370多家，拥有两万名员工，年销售额高达近百亿欧元。

当人们问维尔纳将企业做大做强的秘诀时，他的回答是：以身作则地注重细节。他解释道："这样做永远比下达批示给员工留下的印象深刻得多。当然，我不可能每天都到所有的分店跑一圈，不可能每个细节都放过，所以，这就是我在全公司打造细节执行力的原因所在。我不但要自身注重在细节中执行制度，更要让全体员工都重视细节。"

著名管理学著作《执行》的作者拉里·博西迪，曾在通用汽车公司工作过20年，他曾经说过一句名言："如果你想把结果做好，就要在过程中重视小事。战略也好，制度也罢，抑或是理念，都应该落到实处。你追求小事有多深入、多执着，执行力就有多好，取得的成效就有多好。"作为管理者，只有重视小事，从小处抓执行，才能确保执行到位。

10. 学会用制度让执行"提速"

微软公司创始人比尔·盖茨曾经说过："微软在未来十年内所面临的挑战就是执行力。"其实对任何一家企业来说，执行力都是永远不能忽视的要素，如何提升企业的执行力是管理者每天都必须思考的问题。到底怎样才能保证企业的执行力呢？其实，最简单的方式就是制定规范的制度，用制度为执行"提速"。

企业可以根据实际情况制定规章制度，并把它公布于众，使每一位员工都知道哪些该做，哪些不该做，做到什么标准，做好了能得到什么奖励，做不好会受到什么惩罚。通过这些制度，员工的行为得到了规范，员工明确了工作的流程。凡事有章可循，那么执行力自然会大大提高。

朱厂长是温州乐清五金机械厂的老板，1992年的一天，他在上海出差，住在上海大方饭店。一天晚上，他吃完晚饭就在街上瞎晃悠，这是他最喜欢的一种休闲方式。他把这叫作"跑信息"，又把它称之为"捡钞票"。

当时上海的大街小巷到处是卖糖炒板栗的小摊小贩，街头巷尾飘着板栗的香味。有一家食品店的板栗特别受欢迎，大家排着长队买板栗。朱厂长观察买板栗的人，发现他们买到板栗后，往往会猴急似的剥、咬，费了老大的劲儿，才把板栗弄开，同时也把板栗弄得支离破碎。

朱厂长脑子一转，想到一个点子：如果有一个机器专门剥板栗，那岂不是很好！他的脑子高速运转，在脑子里在画草图，用镀锌的铁皮制作，成本大概 1 毛 5 一个，出厂价大概 3 毛钱。

10 分钟后，朱厂长推开那家食品店的大门，找到老板说明了自己的来意。老板听了他的剥栗器很感兴趣，认为肯定会受顾客欢迎，但要尽快上市，而且越早越好。他希望朱厂长在两个月之内搞定，但朱厂长微微一笑，说："不用两个月，一个星期之后我就给你送来。"

当天晚上，朱厂长就给温州老家的工厂传真了剥栗器的草图，两个小时后，模具出来了，冲床开始运转。3 天后，朱厂长派人将一车剥栗器送到上海，大大小小的炒板栗的贩子都成了他的客户。

朱厂长的团队为什么仅用 3 天时间，就能把剥栗器生产出来呢？当那位食品店老板惊诧地问他这个问题时，他笑着说："因为我们团队的执行力有制度作保证，每一次执行都严格按照制度和流程来，不用走弯路，所以才会有速度。"

用制度为执行提速，这在朱厂长的团队身上表现得淋漓尽致。一套科学合理的制度，可以排除执行中不必要的障碍，可以化解繁杂的程序，消除官僚主义，避免员工相互推诿责任、拖延时间等不良情况。因此，制度是执行力的保障，按照制度去执行任务，速度是惊人的。

在如今这个快速变化的市场环境下，企业要想在竞争中高奏凯歌，就要想办法提升团队的执行力，而这又离不开严格的制度和流程。要想让流程变得简单，就要想办法精简办公环节，减少不必要的工作步骤。同时，优化内部机制，充分调动员工的积极性，比如，制定按劳取酬的奖励制度，就可以充分释放员工的积极性。再者，将大目标分解成小目标，让每个人都有负责的事情，谁负责的事情出了问题，谁就要受到惩罚，反之，则会受到奖励，这样还担心员工没有执行力吗？

11. 有计划的执行才会让执行效果更完美

古人说："凡事预则立，不预则废。"意思是，不论做什么事，都应事先做好计划和准备，否则，就很难把事情做成。苏联著名教育实践家苏霍姆林斯基曾经说过："敏捷而有效率地工作，就要善于安排工作的次序、分配时间和选择要点。"

在执行中，管理者应鼓励员工学会制订计划，按照计划去执行任务，这样效果会更好。怎样做计划呢？其实，只需要对所要做的工作划分步骤，分清阶段，规划好每一步做什么，每一天做什么，这样就能按部就班地把任务执行到位。许多优秀的企业家都十分重视有计划地执行任务，李嘉诚在这方面就是高手。

当年李嘉诚为了将长江塑胶厂的塑胶花打入北美市场，他特意制作了精美的产品广告画册，并通过香港有关机构了解欧美各贸易公司的地址，然后把这些广告画册寄出去。不久之后，有一家实力强大的贸易公司对长江塑胶厂的塑胶花产生了浓厚的兴趣，他们对李嘉诚的报价也颇为满意，并表示会在一周之后派人来香港参观，以便考察工厂，并洽谈合作。

李嘉诚对这家公司十分重视，他了解到该公司是北美最大的生活用品贸易公司，销售网络遍布美国和加拿大。如果能够拿下这个客户，与它建立长期稳定的合作关系，那么对长江塑胶厂的发展将会十分有利。李嘉诚知道该公司派人来香港考察，并不是考察他一家公司，怎样才能赢得该公司的信任与合作，才是他要做的事情。

当时长江塑胶厂论实力、产品质量、企业规模，都算不上老大，拓展欧洲市场时，由于他的企业规模有限，并不被客户信任。因此，他决定吸取之前的教训。他立即召开公司高层会议，宣布了一个艰巨的任务计划：在一周之内，将塑胶花生产规模扩大到令外商满意的程度。为此，要把旧厂房退租，把可用的设备搬迁到新厂房，购置新的设备，设备安装调试，招聘新人并对新人进行上岗培训。这一切都要在一周之内完成，任何一个环节出了问题，都可能使这个计划前功尽弃。

尽管只有短短的7天时间，但李嘉诚带领员工从容不迫地执行任务。哪组人该干什么，哪些工作由谁做，每一天的工作进度，李嘉诚都安排得十分妥当。7天之后，当那家公司的代表抵达香港时，新厂的设备已经完成了调试。李嘉诚让副手安排全员上岗，自己亲自开车去机场迎接客人。与此同时，李嘉诚已经派人在五星酒店为外商预定了房间……

一切都在李嘉诚的计划之中进行，最后，那家公司与李嘉诚签订了长期的合作协议，李嘉诚也由此蜚声全港，成为著名的"塑胶大王"。

李嘉诚能够赢得那家公司的信任，靠的不是运气，而是高效的执行力。正因为有了如此高效的执行力，李嘉诚才能在短短的 7 天里，完成一项浩大的工程，完成一个看似不可能完成的任务，最后把一个崭新的塑胶厂展现在客户眼前，让客户产生充分的信任感。

身为企业管理者，你有必要在公司推行有计划的执行习惯，让每个员工在接到任务之后，都有制订计划的意识。比如，你让员工完成一个项目策划，员工脑子里会想到：我将用几天完成这个项目策划？第一天干什么？第二天干什么？如果每个员工都能如此有条不紊地执行任务，那么团队的执行力将会异常强大。

12. 细节决定成败，1% 的错误会导致 100% 的错误

大家先来算一道日本小学数学题 $0.9 \times 0.9 \times 0.9 \times 0.9 \times 0.9 = ?$

答案很简单，是 0.59049。但是这仅仅是一道数学题吗？

我们大多数人都会觉得，能够以 90% 的完美度完成一件事情实属不易，但是当一件工作有了五个步骤，每个步骤都以

90%完成，最后的结果一定是不及格。如果我们把0.9换成0.91呢？答案又是多少？结果是0.6240321。仅仅多1个百分点，结果就是一种质变。

万科公司有一句名言："我们1%的失误，对于客户而言，就是100%的损失。"这个理念被广为认同，并在业内广为流传。每个工作都是由无数个细节组成的，一个细节的缺失就意味着客户体验的缺失，久而久之必定会吃亏。

柳传志不止一次强调过，对产品质量来说，不是100分就是0分，没有第三种选择。曾经农业部和交通部向联想订购了500台个人电脑，6个月后按时交货，并且要求机器与汉卡捆绑，那么插槽就必不可少。最初为了按时交货，联想联系了一家香港的贸易公司购买，但是到货之后检查这批货是把长插槽锯短了，完全不符合质量要求。眼看6个月之内就要交货，联想只好用这一批次品加工，并按期把500台机器交到了用户手中。随后，联想以最快的速度购置一批合格的短插槽，并把它捆绑到500台机器里面去，然后把合格的机器送到客户那儿，把原来的次品给换回来。

正是柳传志有了这样的决心，才成就了联想今天的辉煌。韦尔奇说："质量是维护顾客忠诚的最好保证"。仅仅依靠花架子或者花大精力宣传永远不能获得长久的成功，只有从一点一滴做起才能让自己立于不败之地。联想的成功就在于他对产品质量的不懈追求。

我们听过这样一句话："一招不慎，满盘皆输。"而人们总是说，成大事者不拘小节。实质上，每一件大事都是由一个个小的细节组成的。万吨巨轮朝着目标航行，哪怕只偏离一点点，最终也会偏离航向。一只南美洲亚马孙河流域的蝴蝶，偶尔扇动几下翅膀，可以在两周以后引起美国德州的一场龙卷风。

这就是细节的重要性，也是细节的力量。

13. 执行对事不对人，制度面前没有例外

一次，英国女王维多利亚与丈夫吵架，丈夫独自回到房间，把门关起来。过了一会儿，女王要回房间，只好敲门。丈夫在里边问："谁？"女王傲然回答："女王。"没想到，丈夫既不开门，也不吭声。女王只好再次敲门，里面又问："谁？"女王说："维多利亚。"里面还是没动静，女王只好第三次敲门，里边再问："谁？"这一次女王学乖了，她柔声答道："你的妻子。"这一次，丈夫终于打开了门。

这个有趣的生活故事告诉我们，无论你是女王还是国王，在家里你就是普通的一员，根本没有特权，因为在家里人与人之间是平等的。同样，在企业中，尽管你是管理者，但那只是你职位的不同，在制度面前，你一样是遵循者，因为制度面前没有例外。下面这个案例就很好地体现了这一点。

洛阳义安矿业公司开展安全大检查工作，上午八点半，安全检查人员纷纷乘罐入井。洛阳义安矿业公司党委书记、董事长王宏昭和总经理杨运峰也在安全检查人员之中，正当他们准备乘罐入井时，却被当班的把钩工张安涛拦住了："领导好！罐已乘满，请等下一罐！"

张安涛之所以让两位领导等下一罐，完全是因为公司有制度规定：每一罐定员 36 人。两位领导的前面正好有 72 人，上下两罐刚好载满。所以，他才会按照制度的规定，礼貌地拦住了两位领导。

当时有人对张安涛的行为不满，小声嘀咕道："挤一挤不就得了吗？干吗那么死脑筋，真不知道天高地厚。"有人甚至出点子，让入罐的人给领导腾出位置，但是张安涛还是坚持了原则。幸好两位领导没有生气，而是服从管理，等候了 10 分钟，换乘下一罐。当天下午，在安全办公会上，张安涛被董事长公开表扬。

我们常说："法律面前，人人平等。"在企业制度面前，也应当人人平等。即便是公司的一把手，也要遵守制度，只有这样，才能让其他人把制度当回事。如果领导者无视制度，任意破坏制度、践踏制度，那又如何给员工树立榜样呢？案例中的两位领导在这一点上做得很好，面对员工的阻拦，他们非常配合地服从，这是对制度的敬畏，也是对制度的最好宣传。

管理者一定要牢记一点：一旦制度建立，就要人人遵守，领导者也不例外。相反，作为领导者，你需要带头去遵守制度，接受全体员工的监督，能否自觉地按制度办事，自觉地接受大家的监督，是衡量一个管理者是否成熟的重要标准，也是管理者树立个人影响力的关键。所以，千万不要觉得被人指正是一件很没面子的事情，因为制度本身是公正客观的，是对事不对人的，想到了这一点，相信你就会平静许多。

第五章
制度考核要公平公正，
坚决不煮大锅饭

早些年，煮一大锅饭，每人一碗、平均分配的利益分配模式非常盛行。但事实上，真正的公平公正不是平均分配，而是能者多劳、多劳多得，按劳取酬。这样才能鼓励先进，鞭策后进，才能保护员工的工作积极性，激励员工为企业做出更大的贡献。所以，管理者一定要把好绩效考核这道关，做一个公正的裁判，坚决维护员工的切身利益。

1. 把好考评这道关，手下才能不闹翻

1965 年美国心理学家约翰·斯塔希·亚当斯提出了公平理论。该理论是阐明了人的动机和知觉关系的一种激励理论，理论侧重于研究工资报酬分配的合理性、公平性及其对职工生产积极性的影响。亚当斯认为员工被激励的程度，来源于对自己和参照对象的报酬与投入比例的主观比较感觉。说到底就是一种公平的感受，一种对自己工作的认可。

处理好考评才能让下属心悦诚服，甘心接受自己所得。如果考评本身有失偏颇，必定会引起不满。每个人都期望自己的付出得到合适的收获，不仅仅是物质的，更需要精神层面的。这方面把关不严，很容易激起下属的不满。

侯主任最近因为公司的人事安排很头疼。公司要求员工晋级需要进行业务考核，其中一项是业务知识水平测试。测试的目的是全面考量员工对公司的认知、理解等价值认同。但是，这次测试没有取得令人满意的效果，反而引发了大家的恼火。

原来，测试的内容没有针对性，太过空泛，大家认为无助于提升工作业绩。比如，业务员觉得自己每天在外奔波，要求他对公司内部制度了如指掌，简直是一种苛求；前台觉得自己没必要了解公司财务制度，认为那是一种精力浪费。总之，各个部门的人都认为考核内容华而不实、假大空，这引得众人怨声载道，工作热情明显下降。

领导人须知，考核是一项严肃的事情，必须有助于提升组织的效率，并且能够改进员工的工作。如果考评只是走过场，

甚至引发员工的质疑，那就是领导工作的失败了。对各种考评要做到心中有数，手中有招，不妨参照下面几条建议。

（1）客观原则。绩效评估应尽可能科学地进行评价，使之具有可靠性、客观性、公平性。考评应根据明确的考评标准、针对客观考评资料进行评价，尽量减少主观性和感情色彩。

（2）评估方法必须要可行，这意味着评估使用的方法要为人们所接受并能较长期使用。频繁更换方法会让下属有厌烦感，从而不重视考评，自然也就不重视结果。

（3）评估要经常化、制度化。一个事件只有制度化才能使人明白它的重要性。

（4）反馈原则。考评结果一定要反馈给被考评者本人。因为每个员工都非常在意自己的行为在别人眼中是否得体，是否行为失当。让被考评者保持消息畅通，否则会让其有被冷落感。

考评的意义在于给下属一个合理的解释，让他们能够接受自己得到的奖惩。

每个人心里都有一杆秤，虽不至于做到精确到一分一毫，但是大方向总不会错。谁能干、谁偷懒、谁有业绩、谁有错误，大家心里都一清二楚。不要因为一时疏忽，打翻了这杆秤。人心散了容易，再聚起来就难了。

2. 规则是防止人犯错误，制度是惩罚犯了错的人

企业制度是一系列成文或者不成文的规则，它不仅规范企业里人的行为，给大家的行为划一个合理的受约束的圈，还保

护和鼓励大家在这个圈里自由地活动。如果有人跨出了这个圈，就要依据制度加以惩罚，从而有效地引导大家约束自己，提高组织管理的效率。

俗话说："人非圣贤、孰能无过。"难道不论什么错误，只要员工犯了就要受到惩罚吗？当然不是。在日常工作中，员工难免会犯这样那样的错误，对于一般的错误，管理者可以按照制度规定给予提醒、警告、指导和帮助，保证员工在错误中成长。但是有三种错误，是不应该被允许的：

第一，经济上不干净，利用职务之便，贪污、吃回扣等；第二，把公司的商业机密泄露出去，获得个人私利；第三，同样的错误反复犯了很多次，缺乏职业道德，不敬业，不严谨。对于这三种错误，老板一定要严惩不贷，该狠心时决不心软。

有些错可以被原谅，有些错要坚决严惩。因此，对员工所犯的不同错误，老板一定要区别对待。因为工作上的疏忽、操作不慎等导致的错误，可以通过培训和辅导加以弥补。但是人品不端正，行事不正派，则要按照制度规定严惩不贷。

哈佛商学院教授埃米·埃德蒙森认为，导致公司经营失败的情况数不胜数，但大致可以分为三大类：一种是可预防性失败，一种是复杂性导致的失败，还有一种是"智慧型"的失败。第一种失败是不能允许的，它表现为故意违反公司的流程或者制度，比如，某公司规定了不能贪污，不能吃回扣，但员工依然贪污、吃回扣，这就是主观上的故意犯错，是不应该被原谅的。

企业制定规则是为了防止大家犯错，企业的制度是惩罚犯了错的人。如果下属自视甚高，不把上司放在眼里，不把老板当回事，凡事自作主张，纵然他有真本事，也难以给公司的发展带来正能量。对老板而言，如果下属不听指挥、不服从命令，不把公司最起码的制度规定放在眼里，留着这样的员工又有何意义？难道要等到他把公司掀个底朝天，闹得大家离心离德才行动吗？

企业的制度要切实运用到企业经营管理中去。对于员工所犯的错误，要坚决予以处罚。平时企业要加强宣传，让员工明白什么行为是违背公司规则的，什么行为是公司制度所不允许的。这样可以减少员工犯错，也可以减少老板管理企业的难度。

3. 公平考核，让每一个员工放心

考核员工的工作业绩是企业管理者的例行事务之一，一般来说，企业都有比较完整的考核制度，管理者只需依据考核制度对每个员工进行评估，进而确定其薪酬等级以及实发工资数目即可。但在现实生活中，不少员工却常常大呼"不公"，这就涉及考核制度的制定以及执行问题。

衡量员工的价值，一定要用同一把尺子。如果仅仅因为有人业绩太差，就换一个其他标准的尺子，那么业绩优秀的员工必定会感到不公平。所以，管理者一要保证考核制度的公平性，二要保证制度执行的公平性，不管是谁，工作考核时一律按制度来，决不讲半点情面。只有这样，才能让每个员工放心，不会因考核不公而影响他们的工作情绪。

红豆集团总裁周海江曾说："红豆就是要给每个人创造公平竞争的机会，不管你来自哪里，什么学历，只要你有能力，在红豆就不愁没有机会！"事实上，红豆集团也一直坚定不移地贯彻"公平考核"的优良传统。

在选团支部书记时，红豆管理层既没有按照个人意愿指定人选，也没有选择"空降式"的"外来和尚"，而是在外贸制衣车间里，展开了一场竞争上岗的演讲比赛。只要是有参选意向的人，都有均等的竞选机会，比赛由评委会现场评分，保证公平、公正和公开，并当场公布成绩，得分最高的就可以成为新任的团支部书记。

在红豆集团，没有所谓的"关系户"，一切都是以绩效为导向，只要你的工作能力够出众，那么根本不愁得不到重用。最终，一名来自车间一线的工人王奎凭出色的表现当选为团支部书记。王奎学历不高，家乡远在安徽的一个偏远农村，但他工作努力，很有上进心，当选后，他激动地说："如果不是竞争上岗，作为一名一线工人，是很难有这样的机会参加公平竞争的。"

红豆集团的公平竞争的考核机制，大大激发了员工们的工作热情，企业的生产效率也随之提高。在红豆集团，69个三级企业团支部的237名团干部，全部都是公平的竞争上岗，没人搞小动作，也没人拉关系，红豆集团通过这项制度让每名员工都有公平竞争的机会，员工安心了，队伍也就团结了。

只有给予下属公平竞争考核的机会，帮助他们实现个人价值和人生目标，企业才能拥有源源不断的发展动力。管理者要想把企业做大做强，就一定要公平考核，最好将考核透明化，让每个员工对考核内容都能做到心中有数，这样自然也就能安心工作了。

4. 对下属既不要有偏见，也不要另眼相待

作为企业领导者，如果对下属流露出亲近的态度，那么往往会被有心之人利用，轻则流言到处飞，重则会被扣上任人唯亲的帽子。而一旦表现出厌恶的情绪，又难免会与员工产生隔阂，从而影响整个队伍的团结。所以，管理者必须抛弃亲近和厌恶的个人情绪，对待下属既不能有偏见，也不能另眼看待。

一个人能否成为优秀的管理者，关键在于其能否控制好自身的情绪。面对千辛万苦挖来的技术骨干，即使是生气也要学会笑脸相迎，在高层权力斗争中，哪怕是如坐针毡，也要做到镇定自若。对于领导人来说，控制情绪、处变不惊是统御下属的基本功。

老陈是一家大型公司的老总，手下有三员大将，财务总监A、技术主管B和主管业务的小C，三人的工作能力自不必多说，都是专业领域内的好手，老陈对他们颇为信任。可一旦四个人聚在一起开"碰头会"，马上会闹得鸡飞狗跳、不欢而散。

主管技术的B原则性很强，但为人十分刻板，做事情往往一根筋，只要是决定了的事情，九头牛也拉不回来，因此常常与老陈对着干。起初，老陈认为B工作认真，除了认死理也没有什么大缺点。然而一个月前，当老陈要求B对产品进行技术改良时，B却坚持自己的观点，认为改良不如研发新产品。一周前，针对降低产品不合格率的事情，两人又开始了激烈的辩论……久而久之，老陈实在忍无可忍，一见到B就满脸不高

兴，甚至开会时公开打压，禁止他发言。

一时间，老总打算更换技术主管的消息便在整个公司传开了。由于专业技术过硬，工作认真，B 在技术部门的口碑相当不错，流言一出，不少拥戴 B 的员工都开始怂恿 B 主动跳槽，并明确表示愿意继续跟着他混。老总厌恶的眼神，让这位得力的技术主管也颇为受伤，再加上真假难辨的谣言，一周后，B 递交了辞职申请，与他一同辞职的还有一大批技术骨干。

就是因为老陈对下属有偏见，从而挫伤了下属的工作积极性，最后致使技术骨干集体辞职。由此不难看出，领导者哪怕是心里再不高兴，也不能把情绪带到管理工作上来，否则很可能会造成不必要的麻烦。

作为领导人，不管在什么时候，都要保持理智和冷静，既不能因为欣赏某位下属而对其另眼看待，也不能因为员工脾气秉性与自己不和，就对他心存偏见。太过于情绪化的人注定当不了领导，身居高位的企业管理者往往会牵扯到各种各样的利害关系，要想不被人利用，就不能被情绪所左右。只有以相同的态度对待所有人，才能让下属们安分守己地听从自己调遣。

5. 争议面前，做一个公正的裁判

有人的地方就有争端，作为企业管理者，常常要在处理下属关系和矛盾时，充当"裁判"的角色。这时候，你千万不能有意偏袒任何一方，更不能强行改变原本公正的判决结果，否则很可能威信扫地。

在现实生活中，员工因工作而引起激烈的言语冲突再正常不过。在这种情况面前，不少领导往往抱着"非礼勿看，非礼勿听"的态度，不管下属争吵的如何厉害，他们都佯装不知。实际上这种不作为的管理方法并不明智，因为你的沉默就等于纵容，于是原本的争吵很可能会再度升级。

那么，作为一个合格的管理者，在争议面前又该怎样做呢？老丁是一家中型企业的部门经理，这天眼看就要下班了，结果办公室走进来了两个怒气冲冲、相互喷火的下属。这两名下属都是老丁的得力干将，现在居然脸红脖子粗地对吵。

原来二人在组建分公司的对外发展战略上存在严重分歧，结果说着说着便吵了起来，谁也不是轻易认输的人，所以来找上司老丁评理。作为裁判，老丁心里十分纠结，张某虽然有理，但他在平时的工作中异常自大，所以树敌颇多；陈某尽管做事稳妥，但这么长时间过去了，似乎一点长进都没有。在安排组建分公司带头人的事情上，老丁头疼不已。

当断不断，反受其乱，老丁深知这一点，所以哪怕是得罪人，也不能态度暧昧，否则只能让两个人的争论再次升级。考虑到两人都是自己的左膀右臂，所以老丁出言制止了两人的争吵，"你们的意见我都听到了，这样一直大声叫嚷下去也不怕同事们看笑话。"

作为部门经理，一旦失了公正，则必定会令某一方不满，从而埋下不稳定的因素。出于公正的考虑，老丁最终做出了一个公正的决定，将组建分公司的对外战略交给张某，公司内部的事情则交由做事稳妥的陈某负责。至此，矛盾才算真正得以化解。

越是在争议面前，企业领导人越要大公无私，只有敢于板起脸面做"包青天"，对事不对人，才能避免因不公正裁决伤了下属的心，引起上下级之间不必要的隔阂。

不要害怕被卷入到下属的争吵漩涡中去，面对员工之间的争吵，管理者要学会主动出击，做一个公正的裁判，尽快解决争端，化解员工之间的矛盾。故意视而不见、充耳不闻只会破坏内部团结，对企业的长远发展而言，是十分不利的。

6. 活力与创造力是"淘汰"出来的

大自然的竞争法则告诉我们，不努力就要被淘汰。这个道理对企业同样适用，企业要想在"不进则退"的市场丛林里生存下去，就必须将危机意识灌输给员工，让大家永保忧患之心，让企业保持"人人争先进，决不做落后的羚羊"的工作风气，如果谁落后了，谁就要被淘汰出局。这样还有人会不思进取、混混沌沌地在企业中度日吗？

杰克·韦尔奇在担任通用公司首席执行官的时候，把全体员工分成三类，前面最好的20%，中间业绩良好的70%和最后面的10%。前面20%的员工在公司里享受着物质上的奖赏，享受着精神上的赏识和爱惜，因为他们是创造奇迹的人。失去这样一批员工，那是领导者最大的失职。

当然，最好的20%的员工与中间的70%的员工并不是固定不变的，他们经常会变动，但是韦尔奇认为，最后的那10%的往往不会有什么变化。这对于把公司未来寄托在人才身上的通用公司来说，淘汰这10%的员工是每年必须做的事情。只有这样才能激发出全体员工的进取心和创造力，在这种氛围中，真正的精英才会产生，企业才会兴盛。10%的淘汰制，造就了通用电气充满活力的氛围。

这个案例告诉我们，作为企业管理者，不仅要重视用好每个员工，还应重视这些员工的变化，对于有才能的员工应该尽可能发挥他们的作用，对于尸位素餐的员工必须果断地淘汰。这就是兵法上所谓的"求之于势，不责于人"的用人之术。

在"淘汰"的威胁下，人人都会充满危机感，每个工作日都会成为一个竞争与较量的过程，到最后留下来的员工会斗志昂扬地不断前进，企业所期盼的活力与生产效率才能够出现。淘汰表现不好的员工，就如同为了保全救生艇上的大部分人，必须放弃一部分人的生命一样，这是自然界的残酷法则。企业只有不断提高竞争力，才能最终成为业界的优胜者。

7. 公平公正，并非不近人情

一个优秀的企业在执行制度上，应该坚持公平、公正的原则。不论一个人地位多高、功劳多大，只要违反了制度，都应该接受应有的惩罚。这样，制度的权威性和严肃性才能得到维护，企业各项事务才能有条不紊地进行。

制度是由人制定的，需要人来执行和操作。人是有感情、有思想、有需求的，所以，管理者在执行制度时必须"以人为本"，从尊重员工和爱护员工的角度出发。

人性化管理是现代化管理的必然要求，在制度中注入人性化因子，管理才具有生机和活力。管理者在处理公司事宜时必须一视同仁，不能因为亲疏关系有所偏颇，也不能依据功劳大小而尺度不一。如果对某人从轻处理，或者对某人处罚过重，管理者在员工中的威信就会减弱，就不利于企业的稳定和发展。但是制度不能成为对员工冷漠的借口，管理者在执行制度时，要充分考虑员工的情绪，给员工足够的尊重和关爱，在制度允许的范围内给员工以帮助。

GE公司的原总裁雷杰·H.琼斯，曾在公司直属的一家企业做主管。某天，琼斯巡视产线时，发现有一位员工在睡觉。琼斯推了他好几下，他才醒来。员工双眼布满血丝，神情恍惚，按照生产部门制度，在工作时间睡觉是要记过处分的。琼斯叫来产线组长，给这位员工记了过。当产线组长准备批评员工时，琼斯拉住了他。琼斯为员工批了半天假，让员工回去好好休息，又找来与该员工关系要好的人了解情况。

原来该员工的妻子出了车祸，他在家里既要照顾妻子，还要照顾孩子，根本没时间休息。了解到这个情况之后，琼斯向人事管理部门申请让该员工带薪休假。琼斯的做法赢得了员工的赞赏和信任，他们在生活上和工作上出现问题都愿意去征求琼斯的意见。而琼斯的号召总能得到积极的响应，车间的生产效率不断提高。

琼斯既处罚了犯错的员工，维护了公司制度的权威性，又为员工解决了实际困难，体现了对员工的尊重。严格执行公司制度，并不意味着不讲人情。成功的管理者在一碗水端平的同时，还会充分考虑到人情世故。

赏罚分明可以鼓舞士气，尊重员工可以提高企业的凝聚力，成功的管理者都明白这个道理。在快速发展的企业，老板都会严格地约束员工的日常行为，但公司氛围却轻松和谐，主要原因在于老板在铁面无私的同时，还有一颗火热的心。

8. 制度考核要有连贯性、持续性

不少企业对待绩效考核时，往往有一个特点，那就是看老板的心情。老板发现公司生产效率有问题，一着急就推出绩效考核，严抓员工的绩效。抓了一阵子绩效考核之后，老板发现公司生产效率提高了，效益提升了，心情大好，于是就放松了对员工绩效的要求，开始不太重视绩效考核。这就会造成绩效考核的不连续性，员工对工作就难以持续保持高效率。

小周在一家私营公司做部门主管已经有 3 年了。老板以前不是很重视绩效考核，但依靠自己所拥有的资源，依然保持较快的发展速度。可是近几年，由于同行竞争越来越激烈，公司拥有的资源也失去了优势，加上公司长久以来给员工带来的优越感，使大家对工作没有什么进取心。

一天，老板从财务那里得知公司的效益连续半年持续走低，顿时就产生了危机感。为了把这种危机感传达给员工，他宣布一个月后要进行考核，考核的标准比较多，员工对照这些标准，发现自己很多方面不达标，于是大家拼命地"补"，都想顺利通过考核。

在一个月的考核中，大多数员工的业绩达标，大家都松了一口气，老板也从这次考核中找到了心理安慰。于是，在之后的半年内考核中断了。半年之后，老板又决定考核，理由是他发现员工的工作积极性不高。在这种断断续续的考核中，员工整天提心吊胆的，为了考核而弄虚作假的现象比较严重。考核带给员工的进步非常有限，对公司效益的提高也微乎其微。

其实，真正的考核不是突击检查，不是某一次考核，而是一种长期坚持下来的管理模式。只有持续不断地考核，并根据员工在某一个持续过程中的表现，对员工进行奖惩，考核才能真正发挥作用。

比如，某员工在多次考核中，一直保持较好的绩效，而且绩效呈现上升趋势，那么对于这样的员工，企业应该予以奖励。某员工在多次考核中，绩效一直平平，既没有大进步，也没有大退步，对于这样的员工，企业应该提醒员工提高绩效。某员工在多次考核中，绩效一次不如一次，或者大体上呈现下降趋势。这时候，老板应该主动与员工沟通，找出绩效下降的原因。如果绩效下降是因为员工工作态度不好，那么给予相应的处罚也不为过。只有做到奖励先进，鞭策后进，才能在企业内部传递一种积极向上的工作风气，才能让企业拥有持续的战斗力。

9. 违章必究，处罚得当

考核不是走走过场。在制度考核中，发现员工违反了制度规定时，一定要严肃地处理。只有这样才能维护制度的威信，考核才能发挥"及时纠正员工的不足"的作用。这一点在著名的柯达公司就表现得很好。

柯达公司是世界上最大的影像产品生产商，其原北亚区主席兼总裁叶莺曾经说过："如果你到日本人家里去，你就必须脱鞋。不管你脚上的鞋多么贵重，即便你连地都没有沾，你都要脱鞋，这是一个入乡随俗的规矩。同样，如果你到我柯达的

'新房'，你必须听我柯达的声音。"她还说过，"你要玩我的游戏，你就必须遵守我的游戏规则。"

在叶莺的管理思维里，一旦员工违反了制度，就会受到惩罚，而她最喜欢用的惩罚手段就是罚款。在她看来，价格手段永远是促销产品的最佳法宝，罚款是对员工最好的制裁。因为罚款可以直接触及员工的经济利益，因此，它是仅次于辞职、降职、降薪的严厉处罚。

由于员工对自己的经济利益十分敏感，因此，当自己违反了公司的制度，被罚款时，他们往往会受到非常大的警醒。同样，当员工有出色的表现时，柯达公司也会用金钱奖励他们，这对提高员工的积极性是非常有效的。

从叶莺的话中我们可以看出，罚款并非是柯达公司处罚员工的目的，真正的目的是让员工有所触动，从而积极改正不良的行为。除了罚款，还有很多处罚的方式，但无论哪种处罚方式，都要与员工所犯的错误相适应，做到处罚得当才能让员工心服口服。这就要求在考核制度中事先制定相应的处罚措施，员工在某些方面没达到公司制度的要求，就受到相对应的处罚，这样员工就无话可说了。

在处罚员工的时候，一定要让员工知道他错在什么地方，还要让他明白他的错误违反了哪一条制度规定。同时，还要让员工明白，他要为自己犯的错承担多大的责任和代价，到底是被罚款，还是被降职、降薪，这个实现都应该在制度里明确规定，而且还应该是合理的规定，千万不能随意处罚，随口开价，这样会让员工很没有安全感，也很没有被尊重感。

当然了，对于有些不值一提的小错或者制度里没有规定的错误，管理者可以采取宽容的态度，提醒员工注意改正即可，没必要为了一些鸡毛蒜皮的小事而小题大做，那样不仅达不到制度管人的目的，反而会引起员工的不满，是没有必要的。

10. 爱岗敬业是考核员工的终极目的

绩效考核的到底是什么？有些管理者误认为，考核的目的是为了给员工核算工资找到依据。若不考核，就不知道员工的表现，也就不知道该给员工多少工资了。因此，很多企业在给员工基本工资的基础上，会再给员工一个绩效工资，而这个绩效工资主要通过考核来确定。

有些管理者认为，绩效考核的目的是发现员工的不足，及时指正，使员工的工作效率得以提高。因此，他们很注重绩效考核后与员工沟通，沟通的目的是让员工清楚自己表现好的地方和表现不好的地方。毫无疑问，这种做法非常正确，但对于绩效考核的理解是错的。

事实上，考核的终极目的不是为了核算工资，也不是为了让员工改正不足，而是为了考核员工是否爱岗敬业。爱岗敬业是一种工作态度和职业精神，一旦员工有了这种态度和精神，他就会自发、自觉、自主地对待工作，把工作当成自己的事业投入热情、激情和感情，这样他才会做出更大的成绩，为企业的发展注入活力与动力。

那么，怎样考核员工是否有敬业精神呢？对此，很多管理者存在一个天大的误区。在这方面，有一个典型的案例。

有个年轻人，进入一家公司工作一个多月，每天都能保质保量地完成工作，工作中没有出现任何纰漏和生产事故，唯一的"不足"就是每天准时下班。但让他不解的是，公司领导在月末的绩效考核中给他打了一个差评，理由是他没有主动加班的精神，认为他工作态度有问题、不敬业、太懒散。

与他相比，那些老员工就聪明许多，每天上班懒懒散散，说话闲聊，上网聊天，淘宝购物，工作完不成就下班的时候加班，硬是拖时间，磨"洋工"，领导一看，大家真敬业，下班了还不走，心里有一种莫名的自豪感——我的员工真敬业。因此，老员工在绩效考核中得到的都是好评，绩效工资照单全收。

事实上，那些喜欢下班后"加班"的员工，每天的工作状态和工作效率，并不如那位上班好好干活、下班准时走人的年轻人。可是，谁叫公司领导只认"工作态度"，不认工作成果，谁叫公司领导只认"加班就是敬业，准时下班就是懒散"呢？

把加班当成敬业，把准时下班视为不敬业，这种事例时常存在，不看业绩只看表象的管理者大有人在。再者，如果员工能力突出，上班时间就把本职工作完成得干干净净，你让他下班后加班干什么呢？所以说，天天加班，下班后还不走人，绝对不是敬业的标准。如果管理者真的认为这才是敬业，那么这家企业肯定走不远。因为这种只看表象的做法只会磨灭真正敬业者的积极性，使懒散、混日子的员工留下来。

其实，真正的敬业者首先还要看工作业绩，如果员工每个月都能保质保量甚至超额完成工作任务，那么可以肯定他的工作效率是高的，他的工作态度也往往没问题。因为假如一个员工的工作态度有问题，他会保持高效率的工作业绩吗？所以，绩效考核要看关键点，员工的工作业绩是重中之重。

有了业绩还不够，还需要不断进步，柳传志曾经说过："如果一个员工进入联想3年没有什么进步，说明我不称职。"企业必须让员工成长，员工也应该不断进步，保持进步的员工，还能说他不爱工作，不爱公司，不爱岗敬业吗？

保持进步还不够，还需要有良好的团队精神，懂得维护公司的形象，敢于承担责任，爱护公司财物，为公司的利益着想。比如，不随便挪用公司的物品，节约公司的水电和纸笔等等，别看这些是小事，事实上它们正是员工能否爱岗敬业的重要表现，也应该成为绩效考核的内容之一。

11. 将工作态度纳入考核之中

态度决定人生，态度也决定工作效率。如果一个人工作态度不好，我们很难想象他能干出成绩。下面的小故事就是最好的例证。

有三个人在工地上砌砖。有人问第一个人："你在做什么？"第一个人没好气地说："你没看见吗，我正在砌墙啊。"问第二个人同样的问题，第二个人说："我正在上班赚钱呢，每小时10块钱。"问第三个人同样的问题，第三个人说："我正在建造世界上最伟大的教堂。"

10年之后，第一个人还在砌砖，第二个人成了小包工头，第三个人成为建筑设计师。

面对同样的工作，三个人有不同的工作态度，就有不同的人生。由此可见，工作态度决定工作时的心情，也很大程度上决定了工作绩效。因此，绩效考核要将工作态度纳入进来，通过考核员工的工作态度来促使员工保持良好的工作状态，继而取得良好的工作业绩。

对于员工来讲，工作态度也许比工作本身更重要。因为工作态度能成就一个人，如果员工热爱工作，能够全身心地投入到工作中去，那么工作就会成为一种乐趣，困难就会成为一种挑战，挫折也会成为一种财富，员工就很容易在工作中获得成长，在成长中获得成就感。

那么，怎样才能将工作态度纳入到考核中来呢？

管理者可以先将工作态度的考核指标列出来，比如，上班时间不说话、不上网聊天、不网络购物、不浏览与工作无关的网页，还有配合同事工作，按时按量地按成工作任务。将这些条款列出来公布给员工，让员工明白自己应该怎样做才符合公司的考核指标。

然后在平时的管理中，管理者可以对工作态度较好的员工予以奖励，比如，当员工积极配合同事，协调同事完成工作时，管理者可以找准机会表扬员工。当员工出色地完成了任务时，给员工一些奖励。

美国有一家公司的总裁看到一个下属出色地完成了工作任务，便马上想到奖励这名员工。当时他手边没有什么有价值的东西，果盘里只有一根香蕉，于是他把这根香蕉递给下属，对下属表示肯定和感谢。

虽然总裁只奖励员工一根香蕉，但这根香蕉的意义绝不寻常，那意味着一种肯定、一种认可，对员工能产生非常大的鼓舞。这根香蕉带给员工精神上的激励远远大于一根香蕉的价值。总而言之，将工作态度纳入公司的绩效考核制度中来，并设置相关的奖罚措施，就能让这项考核制度发挥巨大的作用。

12. 建立公正的绩效评估机制

关于绩效评估机制，有一个有趣的故事。

从前，有个农夫养了很多猫，在他的吩咐下，猫去屋里抓老鼠。猫看到老鼠后，纷纷冲上去，老鼠见势不妙，仓皇而逃。主人见猫一只老鼠都没抓到，就讥笑道："你们真没用，居然连一只老鼠都抓不到。"猫回答说："我们抓不到老鼠最多被你饿一顿或打一顿，可老鼠如果跑不掉就丢掉了性命，因此，我们和老鼠的动力是不一样的。"

农夫意识到没有给猫足够的激励，于是他宣布：凡是可以抓到 1 只老鼠的，就可以得到 10 条小鱼，抓不到老鼠的就没有鱼吃。刚开始，猫纷纷努力抓老鼠，也得到了不少鱼，因为没有哪只猫想饿肚子。在这种情况下，农夫也轻松了很多，再也不用担心猫抓不到老鼠，粮食被老鼠吃掉。

过了一段时间，农夫发现猫虽然能抓到老鼠，但老鼠的个头大小不一样，有些猫在追捕老鼠时专挑小老鼠，因为小老鼠跑得慢，比较容易捕获，而大老鼠经验丰富，跑得快，很难抓住。农夫发现了蹊跷之后，决定改变绩效考核机制，按照猫捕获的老鼠的重量来进行奖励。很快，这一招也起到了作用。

这个案例所反映了企业绩效考核中常见的几个问题：员工缺乏激励，动力不足；分配机制不规范，员工钻空子。要想避免这样的问题，最好的办法就是建立公正的绩效评估机制，保证制度没有漏洞可钻。在这样的机制下，员工要想获得奖励，就必须努力工作，创造更好的绩效，否则，他就要饿肚子。

俗话说得好："重赏之下必有勇夫。"奖励是激发员工工作动力的重要筹码，惩罚是鞭策员工进步的直接利器。只有制定公平、公正的奖罚制度，才能促使员工全力以赴地为企业工作，也才能在绩效评估中获得他们想要的结果。有这样一段对话：

A企业的老板问B企业的老板："为什么你们的促销员、业务员和区域经理一个个都是拼命三郎，而我们的员工个个像寺庙里的和尚，做一天和尚撞一天钟？"

B企业的老板回答说："因为我们的员工只要努力工作，创造了业绩，他们一辈子的饭菜都解决了，而且很丰盛。而你们的员工再怎么卖力，也只能得到一顿丰盛的饭菜。"

B老板的话道破了绩效考核的意义：那就是没有激励，就没有业绩。要想员工有业绩，就要给出令员工心动的激励。否则，员工也不会为企业拼命。所以，建立清晰具体且公正客观的绩效评估机制，对激励员工具有十分重要的意义。

13. 保证考核的客观性和权威性

日本"经营之神"松下幸之助曾经说过："不管有无制度，经营上总是要经常对人进行考核。如果缺少对业绩、能力的制度性考核，我们只能依赖一线监督者的意见做出人事安排，稍有疏忽就会出现不公平，导致不满，损害士气和效率。所以，有作为的经营者都会采用人事考核制度，努力对员工的能力和业绩做出客观而公正的评价。"

"经营之神"的话告诉我们，企业不仅需要绩效考核制度，而且需要客观性、权威性强的绩效考核制度，这样才能避免出现不公平，避免员工产生不满，损害士气和效率。我们来看一个案例：

甲和乙通过招聘，一同进入一家销售公司，两人各有不同的工作方式，但把营销工作做得都很出色，两人在企业里都有很好的发展前景。两年后，两人通过绩效考核分别被提拔为部门的业务经理。

一次，公司为了扩大业务范围，需要一位地区销售经理。对这两人来说，这都是一次不错的机遇和挑战，因此，他们都递交了申请。但是到底让谁去呢？领导感觉很为难，因为无论是在能力上还是在人际交往方面，两人不分伯仲，表现都很出色。

领导想当然地认为，让谁去当地区经理，另一个人都不会有意见。于是，他根据公司的绩效考核制度虽然评估一番，走了一个过场，就让关系与自己较好的乙担任地区经理。结果，甲很想不通，他认为公司的绩效考核制度不够客观公正，让自己的利益受到了损害，于是他提出了辞职。公司极力挽留但无济于事。

客观的绩效考核机制是保证公平、公正的最佳手段。如果企业的绩效考核制度有问题，比如：不够公平、不够客观，某些条款让人难以信服，那么考核出来的结果肯定不被接受。在这种情况下，绩效考核就会失去权威性，变成一个制造不满和怨气的东西，对企业的危害是相当大的。上文案例中，因为绩效考核制度不具备客观性，直接导致员工愤然离职，使企业失去了一个优秀的人才，真的是一件可惜的事情。

那么，怎样才能保证考核制度的客观性和权威性呢？

考核指标一定要科学。相同的岗位有相同的岗位职责和要求，因此，应该适用相同的考核条款，而不同的岗位有不同的工作职责和要求，应有与之相适应的考核条款。所以，考核制度的公正性和权威性体现在针对不同的岗位设置具体的考核指标。

考核人员必须保持公正。绩效考核是一项复杂的系统性工程，对负责考核的人员要求很高。公司在选择考核人员时，要选用业务能力强、为人正直、能坚持公道的综合素质较高的人员。不仅如此，还应对他们进行培训，使他们掌握考核的内容、方法、标准等关键指标，确保他们能够严格按照要求来实施绩效考核。为了避免考核人员在绩效考核中出现不坚持原则、乱打分的现象，公司还应对考核人员进行监督和回访，一经发现一定要严格处罚。

考核的方法要多样。要全面了解员工的工作效果和工作业绩的真实情况，多途径的考核方法尤为重要。日常考核中往往以看资料、查数据为主，一些工作的真实情况很难掌握。所以，在工作业绩考核中，要集思广益，多采取一些好的方法和措施进行考核。

例如考核专卖稽查人员，要了解市场监管工作情况、文明执法情况等，就要到基层一线去，通过走访零售户、消费者等，了解专卖人员的工作情况，发现工作存在的问题，考核工作业绩。也可以召开零售户、消费者座谈会，准确了解市场监管和行政执法工作情况。而对与零售户直接接触的稽查人员、送货员、营销人员的工作业绩考核，也可采取问卷调查的形式，广泛了解零售户的意见，从而掌握较为真实的工作情况，确保工作业绩考核的公正公平性。

第六章
制度监督要敢于问责，严于问责

IBM 前总裁郭士纳曾说过："员工不会做你希望的，只会做你监督和检查的。"这句话道出了管理的精髓：管理者主动去检查和监督，是促进员工把工作落实到位的关键一环。因为员工的自觉性再好，能力再强，也需要管理者的检查和监督。只有严于监督、及时问责，才能克服制度落实当中可能出现的问题，避免人才的浪费与效率的低下。

1. 别指望人人都能自动自发，监督是执行的保障

在企业管理中，很多老板把任务交代给员工之后，就认为万事大吉了，他们不去过问、不去监督，等到后来发现员工执行不到位时，又来责怪员工："我当初是怎么跟你说的？你怎么把事情办得这么糟糕？你不懂不会来问我吗？"员工不得不返工，耗时耗力，关键是受打击。

一天，张老板对市场部的小胡说："我这里有一个市场推广任务交给你，一个星期之后交给我……"然后，张老板和小胡针对这个市场推广计划谈了一个多小时，向小胡交代了诸多背景资料、推广的目标群体、权限范围等等，讲完之后，张老板习惯性地问了一句："清楚了吗？"

小胡拍着胸脯说："清楚了，你放心吧，我马上去做。"

小胡回到办公室，就按照自己理解的那样做，他一边做一边感到老板对自己的器重，他很认真地做了一个星期，其间不断地修改，做完之后还非常得意，以为做得很不错。

在这一个星期之内，张老板从未过问小胡的计划书，更没有与小胡针对他所做的计划书展开进一步的讨论。一个星期后，小胡自信满满地将自己的计划书交给张老板，满心欢喜地以为会得到表扬，却不料张老板看了他的计划书后，生气地嚷嚷道："你怎么做成这个样子呢？完全和我想的不一样，如果你有不懂的地方，可以问我啊！"

不少管理者把任务布置下去之后，就等着员工汇报工作进

展。殊不知，真正有效的执行离不开双向沟通和反馈，既要求下属向上司汇报，也要求上司主动走下去去了解员工的执行情况，及时发现员工执行中存在的问题，给予指点和帮助，这样才能保证下属不折不扣地按照目标去执行。

IBM 前总裁郭士纳曾说过："员工不会做你希望的，只会做你监督和检查的。"这句话道出了管理的精髓：管理者主动去检查和监督，是促进员工把工作落实到位的关键一环。因为员工的自觉性再好，能力再强，也需要管理者的检查和监督。没有监督，工作没有执行到位，出了大问题，到最后就悔之晚矣。

为什么很多企业存在"半截子"工程？因为管理者把任务布置下去之后，就认为已经把工作分解了，但是执行的效果怎么样，由谁负责检查和监督，工作进展情况如何？这些问题都不得而知。这就导致企业的战略目标沦为口号，对企业的发展毫无益处。与之不同，有些管理者懂得定期或不定期地检查和监督，使员工的头脑中时刻有一种制度的约束感，从而促使他们严格地执行任务。

2. 不淘汰平庸的员工，是对奋斗者的不负责任

不想当将军的士兵不是好士兵，同理，不想当领导的员工也注定永远平庸。好的下属是具有可塑性的，但要想将这些员工培养成卓越人才并不容易。企业要想做大做强，必须培养一批精兵强将，因此，管理者在培养员工的过程中，必须毫不留

情地淘汰平庸者，这既是对企业的未来负责，也是对奋斗者的肯定。

不少管理者经常面临这样一个问题：如何解雇那些"鸡肋人物"？一般来说，这些人工作还算努力，懂礼貌还善解人意，甚至在公司里面还有着不错的口碑，然而他们在工作中却经常犯错，哪怕是多次提醒依然不见什么起色。对于这样的人，解雇起来需要很大的勇气，但为了企业的发展，却不得不淘汰。

阿丽是某科贸公司的经理，最近公司新来了一位女员工，人长得漂亮，性格活泼，但却令她头疼不已。

该员工工作十分努力，但业绩却十分平庸，每次都是打最低考核标准的擦边球。起初，阿丽认为该员工可能是由于还未融入企业的环境，所以才会业绩平平毫无起色。

为了帮助她提高业绩水平，作为经理的阿丽专门给她安排了一位经验丰富的老员工，但转眼3个月过去了，该员工的工作状态丝毫没有改变，更令阿丽头疼的是该员工毫无工作积极性，又怎能把工作做好呢？为了帮助这位员工提升业绩，阿丽专门找她谈话，并给予其精神上的支持与鼓励，并许诺只要她能够超额完成工作任务，一定会给予其丰厚的物质的奖励。

然而，阿丽的办法似乎没起到一点作用，该员工还是老样子，甚至工作业绩还有下滑的趋势。这样提携一个平庸者，难免会让那些业绩优秀的员工感到不公，出于这样的考虑，阿丽毫不留情地开除了这名能力平庸的员工。

实际上，每个企业都有工作能力平庸的人，他们整天不思进取，上班就是"磨洋工"，拿工资混日子，如果不淘汰这类员工，那些优秀员工就会觉得：不干活也这样，干这么多活也这样，那我为什么非要这样拼命努力呢？一旦员工们有了这种想法，那么企业的整体工作效率必然会下降。

通常来说，企业都会有一套完整的人事体系，对于什么情形下可以与员工解除雇佣合同都有着比较明确的要求。作为公司的管理者，要善于借助这些制度来清除那些平庸的员工。此外，在人员招聘时，要尽量避开那些没有培养价值的人，只有这样才能从根源上减少平庸者的数量。

3. "放羊式"管理，必然导致人才的浪费

适当自由的工作氛围能够激发员工的工作积极性和自主创造性，但过度自由的管理会令他们陷入迷茫之中。一旦丧失了工作的方向，工作效率也会随之降低。如今，已有不少企业认识到"放羊式"管理的弊端，并采用责任到人的管理制度来约束员工，避免造成人才浪费。

"放羊式"管理的核心缺陷在于职责不清，没有清晰的责任分工，也没有严格明确的工作要求，于是大家你推我、我推你，不仅降低了工作效率，还会严重影响员工的士气。最好的解决办法就是用责任管束下属，激发他们对本职工作的热情。

老张是一家新技术开发企业的总经理，经过长时间的市场调查和谋划，他决定以新产品为拳头，在竞争激烈的市场中闯出属于自己的一片天地。紧接着，他便将开发新产品这项艰巨的任务交给了研发部门。

　　研发部门由 12 名技术精英组成，都是高薪聘请而来，然而三个月过去了，当他问及新产品的开发进度时，却大吃一惊。这些研发人员有经验有技术，但那么长时间过去了，新产品的研发工作却丝毫没有头绪。问题在于老张采用"甩包袱"的方式，把这项任务交给了研发部，但职责并不明确。谁都不知道该项目的带头人是谁，连个拿主意的人都没有，所以才相互推诿、"磨洋工"。

　　从研发部门的人员构成来看，这并非是员工能力不足，而是管理方式有问题。"放羊式"的任务分配是造成人才浪费的主因。后来，总经理指定了两名项目负责人，为了明确各个研发人员的具体职责，他还专门任命了一个工作小组长，负责研发部分工作的人员安排。

　　管理方式调整后，该部门严格实行责任到人的制度，哪怕是极其细小的工作也能找到具体负责人。很快，研发部懒懒散散"磨洋工"的现象有了改观，大家的工作积极性被调动起来了。经过半年的浴血奋战，新产品最终问世，并为该企业赢得了不错的经济收益。

　　克服"放羊式"管理弊端的关键就在于明确职责。再优秀的人才管不好，也会变成庸才。为了避免人才浪费，不少企业都开始实行责任制，但在进行责任分工时，却仍然存在一系列问题。有些工作上的事务，莫名其妙地成为"三不管"地带，有些则成为责任交叉地带，你管他也管，到头来管的人越多反而越乱。事实上，这都是责任落实不到位的结果。

　　企业是由多个个体组成的，因此要把整体的工作责任分散开来，进而落实到每一个员工身上，并不是一项简单的工作。

要想把所有的责任都落到实处，就必须遵从这样一条原则：保证人与责任对应的唯一性。也就是说在工作职责的分配上，既不能存在空白区域，也不能出现职责交叉的情况，只有这样，才能避免责任落实过程中可能出现的各种问题，从而避免人才浪费现象的产生。

4. 监督与问责，对事不对人

一位管理者问："我们公司有一个骨干员工犯了错误，我想批评、追究他的错误，但怕他接受不了选择辞职；如果我不批评、追究他，我怕他还会犯同样的错误，这样两难的问题该如何解决呢？"

在企业管理中，很多管理者有类似的担忧，他们既想追究员工的错误，又怕员工接受不了。在这种情况下，很多管理者往往会做"老好人"，不去追究员工、问责员工。而出错的员工不知道自己错在何处，依然我行我素。这样下去，公司制度的权威性就被挑战了，其他员工甚至会认为，只要对公司有功，就可以重复犯错。

其实，监督、批评与责问是企业管理过程中不可缺少的手段。要想避免批评与问责带给员工不快，管理者就要本着客观公正的原则，做到"对事不对人"，这样才能把批评与问责带给员工的不快降到最低，同时让员工从批评与问责中发现自己的错误，积极地改正，不断进步。

所谓对事不对人，指的是只谈论事情本身，如事情的起因、经过、结果以及事情本身。对事不对人的精髓是注重成果、尊重规则，它要求管理者把关注点放在事情和结果上。下面这个案例中的管理者 Robin 就真正做到了对事不对人地批评下属。

2002 年，百度公司正处于快速发展中，一方面他们要面对独立流量带来的用户，另一方面他们还要为合作的门户网站提供搜索服务。当时 Dan 主要负责百度服务器的稳定运行，因为百度服务器每天都要承受巨大的访问压力，这个压力已经接近了服务器承载的极限。如果访问人数再增加，就很可能导致百度服务器不稳定，严重影响用户的搜索体验。

然而，恰恰就在这个时候，销售部门新谈了一个门户网站，对方希望马上使用百度的搜索引擎服务。Dan 犹豫了，他知道如果开通这个服务，就可能超出百度服务器的承载量。但由于种种原因，Dan 没能拒绝这个客户。结果连续两天，百度网站的稳定性都很差，用户搜索时经常得不到正常的结果，那个刚开通的服务不得不紧急下线。

对于这一情况，Dan 的上司 Robin 是怎么处理的呢？正当 Dan 惴惴不安地准备接受批评时，脾气暴躁的 Robin 在例会上却没有对他发火，而是平静但很认真地说："Dan，你的职责是保证百度服务的稳定性，所以这次事故你有很大的责任，你要好好反思，以后不要犯这样的错误了。"

说完这些，Robin 马上把话题转移了，他对大家说："现在最关键的是怎么解决这个问题，赶紧讨论一下。"在讨论中，Dan 说出了自己准备的结局方案，Robin 非常认真地倾听，不时点点头，然后很投入地和他讨论解决方案中的细节。谈完事后，

Robin 邀请 Dan 周末一起参加娱乐活动，顿时，Dan 心头的乌云消散了，他能感觉到上司 Robin 对他本人没有任何成见。

身为管理者，批评下属是在所难免的，要想下属接受你的批评，你务必坚持对事不对人的批评原则，否则，就很容易伤害下属的自尊心，令批评的效果大打折扣。怎样才能让下属感觉你对他没有成见，你只是在谈论事情本身呢？很多管理者是这样做的，他们在批评之后马上对下属说："我批评你是对事不对人，你不要往心里去。"这句话一出口，往往很容易化解员工对管理者的怨恨，这样可以让管理者的批评既有威力，又不至于得罪人。所以，懂得说这句话的管理者是聪明的。

5. 用事实堵住发牢骚人的嘴

任何企业都会存在这样一些员工，他们特别喜欢抱怨，一点小事就能让他们喋喋不休。他们把大量的精力都放在一些鸡毛蒜皮的小事上，自己的本职工作却往往不能很好地完成。对于这样的员工，管理者需要拿出一些魄力来，用强有力的事实让他们哑口无言。

浙江华立集团董事长汪立成说："做生意，我们只信奉一点，只做不讲，或者多做少讲。我们只用业绩说话。"同样，对于管理工作，管理者也应该用事实说话。如果员工素来有爱抱怨、爱发小脾气的性格，管理者则不要与其浪费唇舌，因为事实具有超越一切的说服力。

当一个员工抱怨薪水过低时，管理者可以把他调到薪水高的职位，用实际工作说服他，薪水的高低与能力的大小成正比；当员工抱怨得不到升迁时，管理者可以让他和办事能力强的人从事同一项工作，用工作业绩来告诉他，升迁并不能靠运气获得。总之，企业中出现抱怨在所难免，管理者不必一条条反驳，只要把事实摆出，道理就显而易见。

全球最大的集研发、生产、销售、服务于一体的国有控股空调企业——珠海格力电器股份有限公司，就是靠着"少说空话，多干实事"的核心价值观一步步壮大的。1993 年，刚刚成立的格力电器只是一家默默无闻的小厂，只有一条简陋的、年产量不过 2 万台窗式空调的生产线。但是，格力人有一个大梦想，那就是缔造全球领先的空调企业。二十年来，格力电器的这个梦想一直受到社会各界的质疑，部分公司的员工也对领导层的好高骛远心生不满。但是，格力人从来没有放弃追求，他们坚持用事实说话，一步一个脚印地埋头耕耘。一个个"世界第一""全球首例"的赞誉，有力地回击了来自四面八方的质疑，也化解了员工心头的不满情绪。今天，格力空调已经实现了梦想，影响力和营业额都稳居世界空调企业排行榜首位。

联想总裁柳传志说："我不会用言语去回应质疑，我只用具体的业绩赢取信任。"口水战没有任何意义，事实才最具有说服力。当牢骚和不满向管理者袭来时，明智的管理者都能够摆出事实，让抱怨者心服口服，且自觉地消除牢骚；失败的管理者则试图用道理说服，结果自己口干舌燥，抱怨者反而更不耐烦。所以，当员工乱发牢骚时，管理者就应该用事实去堵上他们的嘴。

6. 谨防员工报喜不报忧

很多人在向领导汇报情况时，喜欢浓墨重彩地讲成绩、讲好事，对于问题与错误往往轻描淡写，甚至干脆不提。这种做法不仅会妨碍领导者了解真实情况，影响领导者做出正确的决策，还会错失解决问题、化解危机的良机，使小问题变成大危机、大灾难，给公司造成严重的损失。在这方面，有一个典型的案例。

在德国摩登公司的发展史上，曾出现过这样一件事：

一线员工发现公司的大客户解除了合同，马上给主管打电话汇报："主管，不好了，公司的大客户丢掉了，这直接影响我们的效益啊！"

主管淡定地说："慌什么啊？镇定一点！"说完他马上给自己的上司打电话："经理，市场部出了点问题，一个客户流失了。"

经理说："流失一个客户怕什么，我们公司的客户还有很多，继续开拓市场，争取获得更多的合作。"

正在这时，总裁给这位经理打电话，询问市场开拓情况，经理笑着说："总裁，你放心，市场开拓得很好，一切尽在掌控之中，很多客户都与我们有合作的意向，我们很快就会拿下他们。"

总裁放下电话，非常开心地坐在老板椅上，手里端着一杯咖啡。然而，一个月后，公司召开月销售会议，总裁才得知公司的市场开拓动作一败涂地……

这就是典型的报喜不报忧的现象。英特尔公司的总裁安德鲁·格鲁夫对企业内部报喜不报忧的现象颇有感慨，他说："高层领导有时候直到很晚才明白周围的世界已经发生了变化，老板则是最后一个知道真相的人。"中国管理培训专家余世维更是打趣地说："一天，老板发现门外有人搬东西，出去一看，才知道原来是公司倒闭了。"当然，这肯定是夸张的说法，但它也说明了下属报喜不报忧的危害。

那么，怎样才能避免员工报喜不报忧呢？除了管理者要乐意听坏消息，鼓励员工报忧之外，管理者还应该积极走出办公室，走到员工中间与员工沟通，走到生产一线去了解实际情况。格鲁夫的做法就是，每天不管有多忙，都会打开电子邮箱，查收来自世界各地的一线员工的汇报。这种汇报是越级的，其真实性更可信，因此格鲁夫十分重视。

7. 牢牢把控制度的每一个操作环节

公司的制度是一个巨大的系统，其执行的过程构成了一个前后相互影响的流程。如果流程的前一道执行到位，那么后一道的执行就会轻松很多。如果每一道都执行到位，那么整个流程就会顺畅地运转。相反，如果前一道程序执行不到位，到了后一道发现错误时，就要花大力气去补救，往往会事倍功半。因此，牢牢把控制度的每一个操作环节就显得尤为重要。

一家专业从事包装瓦楞纸箱生产的公司，多年以来以产品质量过硬著称，深得客户的信赖，是众多客户争相合作的对象。然而，该企业的发展并非一帆风顺，曾经也出现过危机。

有一次，公司开发了一家新客户，该客户订了1万只包装箱，协议规定半个月内交货。公司接单之后，按照正常的生产流程安排生产。然而，在半成品生产过程中，由于工作人员的失误，选用材料错误，而且这一情况在交货前3天才被发现，生产部决定重新生产。但他们知道这样一来，要想按期交货已经不可能了。于是把这一情况反映给销售部，销售部马上与客户进行了沟通，客户同意延迟一周交货。

重新生产的过程中，在制作最后一道工序——印刷工序时，由于操作人员没有按照要求对印版进行擦拭和抽检，导致印刷内容模糊不清。这样一来，交货时间将再次后延。无奈之下，销售部只好再次与客户协商，客户得知此消息，一气之下要求该公司赔偿损失……

最后，该公司的营销总监亲自登门拜访与客户协商，客户才勉强同意延后交货，但公司为此也支付了一定的违约金，并且信誉大受影响。

在这个案例中，该公司之所以一次次发现问题，一次次违约，关键就在于没有牢牢把控生产制度的每一个操作环节，导致前面出现问题，严重影响后面的执行。这看似是一起简单的产品质量事故，其实它本质上是一个因流程监控不力导致的执行不力。从这个案例中可以发现：每一个环节都十分重要，任何一个环节出了问题，都会影响整个制度的执行效率。

公司制度的各个操作环节，比如，制度的设计、制度的执行、制度的监督、绩效考核、奖惩制度等等，就如同木桶壁上的诸多木板，哪一个制度出了问题都会影响制度最终的执行质量。比如，制度设计这一环节出了问题，导致制定了不适合企业的制度，员工在执行这个制度时，就会出现很多问题，影响企业的发展。再比如，企业的监督制度不规范，导致监督不力，也会引发很多问题。因此，管理者一定要有全局的眼光，牢牢把控制度的每一个操作环节，不让任何一个环节出问题，这样才能保证制度的高效执行。

8. 责任明确，顺着流程直接找到事务责任人

在企业的管理中，当你发现某项工作出了问题时，应该顺着执行流程，直接找到负责这项工作的负责人。通过交谈，了解出现问题的原因，并找到有效的措施解决现有的问题。对于出现的过错，该处罚的要处罚，该批评的要批评，决不能姑息纵容。只有这样，才能让员工明白自己肩头的责任，更加负责任地对待工作。

有一家炸药厂经常出现安全问题，董事长感到非常忧虑。他与安全工作的负责人谈话多次，也处罚过他们多次，还撤换了几个安全责任人，但依然无法解决安全问题。

有一天，董事长突然灵光一现，他把安全工作的负责人叫到办公室，对他说："公司近来安全问题频繁发生，公司决定由你全权负责安全问题，为了让你全身心地把公司的安全制度落实到位，做好安全监督工作，公司会在厂区给你提供了一套房子，你把家人全部接过来住吧，也省得你每天在路上

奔波。"

自从安全工作负责人搬到厂里住之后，公司的安全事故减少了很多，到最后几乎没有安全事故。为什么会出现这么大的转变呢？因为负责人和家人都住进了厂区，厂里的安全事故直接影响他家人的安全，他就会更加负责任地做好安全监督工作。

每一项制度的执行情况，都涉及一个利益关系。董事长让安全工作负责人的家人住进厂里，实际上是将安全工作负责人一家人的安危与公司的安全捆绑在一起。如果负责人继续不把安全监督工作当回事，不把安全制度落实到位，一旦出了安全事故，他们一家人的生命都会受到威胁。所以，这才给安全工作负责人带来制度落实上的动力。

由此可见，要想公司的制度和公司的战略计划可以贯彻实施，管理者就应该向下属明确责任与利益之间的关系，让员工清楚自己的责任，以及做好工作所获得的利益。同时为了让员工做好工作，管理者还需向员工说明期望和要求，达到了这些期望和要求会获得哪些奖励。如果员工没有达到这个期望和要求，将会受到哪些处罚。这些都应该让员工清楚，这样才能给员工压力和动力，使员工带着目标感、使命感去对待工作。

9. 保证人人有事做，事事有人管

汉高祖刘邦晚年总结自己战胜项羽的原因时，说了这样一句话："论带兵打仗，我不如韩信；论管理钱粮，我不如萧何；论谋划决策，我不如张良。他们3个人都是杰出的人才，但是我能使用他们，这是我能得天下的原因。"从刘邦的话中，我们可以发现用人得当、把工作分配给正确的人是十分重要的。

然而，把工作分配给正确的人，并不是一件简单的事情。每一个管理者都希望公司里人人有事做、事事有人管，希望人人把事情做到位，可真正有几个管理者能够如愿呢？很多企业的事情一大堆，没有交给具体的、正确的负责人，公司规模越大，这种现象就越严重。而且有些员工忙得加班都干不完工作，而有的员工闲得上班没事做，这一方面与员工个人的能力有关，但更重要的是管理者没有科学地分配工作。

科学地分配工作，是保证人人有事做，事事有人管的关键。它并不单单指把工作交给正确的人，还包括让正确的人做好该做的事情。也就是说，科学地分配工作不仅仅体现在如何分配工作这件事上，还要求分配产生良好的执行效果。

李明是某公司的局域网管理员，副总对他寄予厚望，觉得他能把工作做得很出色。在管理方面，李明的经验不足，但他的技术实力雄厚，并且是个很好相处的人。

一天，副总见李明愁眉苦脸，就问他出了什么事。他说，最近他把局域网技术修正的工作交给下属陈小北，但是陈小北完成得并不顺利，他已经准备自己接手这项工作。

副总听完李明的讲述，连续问了李明3个问题："你把工作交给陈小北的时候，有没有考虑陈小北是否具有胜任这项工作的能力和经验，你有没有说出你对陈小北的期望，有没有确定完成任务的期限？"

李明说："我觉得陈小北有能力完成这项工作，但实际上他以前没有负责过这么大的项目，另外，我并没有告诉陈小北我对这项工作的期望，但我认为他明白对他的工作期望。"

副总笑着说："你认为的并不等于事实，我建议你同陈小北交流一下，了解工作的最新进展情况，并且在一些问题的处理上给陈小北提供指导和建议。"

后来，李明与陈小北进行了深入的交流，在他的帮助下，陈小北顺利地完成了局域网技术修正的工作。

通过这个案例，我们可以发现，分配工作并不是一件容易的事，管理者也不是天生就会分配工作的。要想做到有效地分配工作，保证人人有事做，而且把事做好，保证事事有人管，而且把事管好，管理者要牢记这样几点：确定什么工作要交给员工去做；选定能够胜任该项工作的人；确定工作完成的期限、条件和方法；检查下属的工作进展情况；检查和评价员工的完成效果；最后，根据员工完成的效果，实行相应的奖惩措施。

许多情况下，管理者"奖励"下属的往往是更多、更重要的工作，因为事实证明他很能干，因此，把工作交给他，管理者很放心。但这种做法对员工来说是不公平的，因为他在加重负担的同时，并没有获得相应的酬劳。因此，除非给员工相应的奖金激励，否则，"奖励"员工更多的工作这一情况应该尽可能避免。

10. 监管结合，确保工作顺利持久地开展

汽车上的表盘、仪表是给司机做监控用的。在汽车的表盘上，没有多余的仪器仪表。为什么呢？因为开汽车只需要控制速度和路线，至于其他没用的东西，不需要去监控。管理企业也是一样，不用想着太多的东西，只需要做好两件事：一件事是制定企业发展的战略，这就如同控制企业这辆汽车的方向盘；第二件事是监督战略的执行情况，这就如同监控汽车上的表盘。在这方面，有一个典型的案例：

格里·富斯特是美国著名的演说家，他曾讲述两件发生在自己身上的事情。

富斯特前后有两名助手，一个叫琳达，一个叫艾米。8年前，富斯特前往多伦多参加一个会议。在芝加哥换机时，他给助手琳达打了一个电话，以确认琳达是否把工作安排妥当："琳达，我演讲的材料送到多伦多了吗？"

琳达说："六天前我就已经将材料寄出去了。"

富斯特问："他们收到了吗？"

琳达说："快递公司说他们保证两天后送到。"

尽管如此，富斯特还是有点不放心。虽然表面上看，琳达做了自己该做的工作，甚至提前把资料交给了快递公司，但是在多伦多会议主办者收到资料之前，意味着这项工作没有执行完毕，还有不可预知性。

结果，当富斯特赶到多伦多的会场时，得知他的材料还没

有送过来。为此，他只好将材料上的重要话题推后，直到材料送到。

8年后，富斯特再次前往多伦多参加会议，同样是在芝加哥转机，他想起了8年前的经历。换机时，想到8年前的经历，于是他拨通了艾米的电话："我的材料到多伦多了吗？"

"那边的会议负责人说，你的材料三天前就到了。"接着，艾米又说，"对方说，听众人数可能比原来多400人，为此，我多寄去600份材料，而且这些材料也已经寄到了。"

艾米还补充道："对方问我，您是否希望在演讲的时候，听众手中都拿着你的材料。我告诉他，你通常是这样做的，但是这是一个新的演讲，我不确定你会怎样做。如果你不同意听众拿着你的材料听你演讲，你可以给对方打电话，我这里有他的电话，你可以记下来，随时跟他联系……"

听了艾米的一番话，富斯特彻底放心了。

富斯特的故事充分说明，一流的执行必须有一流的监管。要想员工执行到位，管理者就要做好管理和监督两项工作。管理表现为向员工布置合适的任务，监督表现为及时了解员工的工作进度，帮员工查缺补漏，避免遗忘重要事件，造成不必要的麻烦。

上面案例中，富斯特在琳达身上监督不够，导致执行出现了问题。但是在艾米身上，由于艾米本人是一个做事细心的员工，因此，福斯特的监管工作轻松了许多。但这并不意味福斯特的监督是多余的，因为并不是每个员工都像艾米那样考虑周全。通过有效的监督，可以及时发现下属执行的情况，及时发现问题，避免出现重大差错，这是确保工作顺利开展的重要保证。

11. 莫让问责走过场，要落到实处

问责是一种监督机制，它的意义在于及时了解员工的工作进展，尤其是在员工的工作出了问题之后，问责可以了解问题出在哪里，是什么原因导致的，以便及时制定解决问题的策略。因此，问责应该讲究实效，千万不能做做样子、走走过场，害怕得罪人。否则，问责就失去了意义，还不如不问。

美国甲骨文股份有限公司是世界上最大的软件公司，也是一家进入中国的软件巨头。公司的创始人 Larry Ellison 谈到公司的内部管理时，频频提到授权机制与问责机制。他表示，通过授权可以有效地调动员工的自主性，使员工承担自己的岗位责任。通过问责制可以约束员工，对员工做好监督工作，使公司能够掌握员工工作的进展情况。

如果员工在执行任务、落实制度方面出了问题，甲骨文公司的管理者会对当事人进行问责。这种问责绝对不是走过场，而是动真格的。一旦发现问题出在员工自己身上，公司将会对员工进行处罚，决不纵容。

问责的核心内容是"问"，这种问本质上是一种监督和了解。问责时，管理者要有"打破砂锅问到底"的决心，要把责任弄明白。问责时，管理者要考虑到权责对等，员工有多大的权力，就要承担多大的责任。问责对应的是责罚，而且责罚要落到实处，不能光打雷不下雨。

在问责的时候，管理者首先要问执行者，即工作的负责人。遵守公司制度、服从命令，在规定的时间内完成任务，这是每一名员工都应该做到的。如果员工没有做到这些，导致工作出了问题，那么管理者就应该追究其责任。

问完员工，管理者还应问自己。员工的工作出了问题，其直接上司有不可推卸的责任，是不是用人不当，或者分配任务不当导致员工无法胜任？还是上司属于管理、监管不力导致问题超出了可控的范围？对此，管理者应该问员工的上司，如果你自己就是员工的上司，那么你要进行自我反省，并针对自己存在的问题与不足，承担相应的责任。做到这一点，管理者的问责才能让员工心服口服。

12. 监督不是个案，要常态化

制度监督是一项必须长期执行、常抓不懈的工作，若是等出了问题，再去补救，势必已经晚了。明智的做法是将监督制度落实到日常工作当中来，当成一种习惯坚持下来，做到发现问题、及时问责、及时解决问题，不断提升团队的执行力。这样才能保证企业健康持续地发展。

美国旅店大王希尔顿酒店在制度监督方面做得非常到位。众所周知，希尔顿酒店的服务理念是对客户保持微笑，老板希尔顿要求员工不论多么辛苦，都要坚持落实这一服务理念。他本人的座右铭就是"今天你对顾客微笑了吗？"为了保证微笑制度落实到位，他不但从自己做起，给员工树立榜样，而且在多年的管理中，他积极地走向各个分店，监督微笑制度的落实情况。希尔顿的做法不仅拉近了与员工之间的距离，而且还能倾听员工的意见和建议，更可以带给员工监督与激励。

希尔顿每次巡视分店时，提到最多的一句话就是："今天你对顾客微笑了吗？"他用这句话来提醒员工牢记公司的服务理念。1930年，美国经济陷入了大萧条，希尔顿依然要求员工落实微笑制度。当时美国80%的旅馆都经营不下去了，希尔顿酒店也遭受重创，但希尔顿坚定信念，鼓励员工微笑面对，他呼吁全体员工不要把愁云挂在脸上，无论遇到何种困难，都要保持微笑。

在希尔顿的严抓与监督下，公司的微笑制度得到了很好的贯彻，员工的真诚微笑成为美国经济萧条时期一道亮丽的风景线，感动了无数的顾客，给希尔顿酒馆树立了良好的形象，也帮助希尔顿酒馆走出了低谷。

当企业进入黄金时期时，有一次，希尔顿酒店添加了一流的硬件设备，希尔顿问员工："我们还需要添加什么？"员工想了很久也回答不出来，希尔顿说："如果我是一位顾客，我重视的不仅是一流的设备，我更重视一流的服务，我宁愿去一家设备差点，但是能见到微笑的酒馆。"靠着真诚的微笑，希尔顿酒店不断发展壮大，在全球五大洲有500多家分店，成为当今世界最具规模的酒店之一。

希尔顿酒店的成功告诉我们，作为企业管理者，应该把制度监督作为一项长期的工作坚持下去，绝对不能虎头蛇尾，也不能把监督工作当成一时的发展需要。在履行监督制度的同时，管理者还应向希尔顿一样率先落实制度，为员工做榜样。

很多公司也重视制度监督，然而，真正能够坚持几十年如一日的企业，还真是少之又少。在监督过程中，企业的最高管理者能否带头做好监督工作，关系到监督工作能否得到长期落实。如果每一位管理者都像希尔顿那样，那么企业的制度监督就会成为一种习惯，成为公司的一种文化，融入每一位员工的骨子里。每一位员工都会严格地要求自己，自觉地去监督制度的落实。

第七章
制度要严格化，管理要人性化

　　在强调制度管理的同时，我们要明确一点：制度无情，人有情；制度是死的，人是活的。管理的最终目的不是"管人"，而是"安人"。既然是"安人"，就要让人心服口服，没有怨言和不满。因此，管理者要学会顾及员工的感受，对员工有足够的尊重、信任和宽容，多与员工保持情感联络，多给员工精神激励，这样才能充分调动员工的积极性。

1. 适度的人情，是管理的"润滑剂"

中国自古以来，都很注重宗族，这就决定了中国是一个人情化的社会。古诗有云："至诚而不动者，未之有也；不诚，未有能动者也。"这句话的意思是说，我以至诚之心来对待他人，却无法打动他人的心，那是不可能的；对待他人不是以至诚之心，那么，任何人都打动不了。换句话说，就是"我以诚心待人，人必以诚心待我"，这是儒家的处世观点。

这句话所阐明的观点，在社会中的任何方面都可以体现出来。这也同样适用于企业。一个老板在工作当中，不管对员工还是对合作伙伴、竞争对手，表现出足够的诚意和真心，往往能更好地完成工作。

对于员工来说，最重要的就是让他感觉到：自己是被需要的、是被看重的、是有价值的，而这就体现在老板对人情的用法上。老板要在必要的时候，表现出对员工的器重、赞赏，并且适度地进行奖赏。要让员工意识到，老板并没有忽略他的存在。

在对员工委以重任的时候，一定要表现出足够的诚意，要让他明白老板非常器重他。当老板表现出足够的诚意之后，员工一定会全力以赴，尽全力把事情做好。哪怕工作难度很大，任务量很重，员工也一定不会推脱的。对于老板来说，你只是需要在人情上花费一点时间，但却可以得到员工无限的回报。

海尔公司的一个部门经理，在研制一个新产品时，曾录用了一位颇有干劲的年轻人。这个年轻人一接到任务，便马不停蹄地干了起来，在工作最紧张的时候，他一连几天不睡觉，埋头苦干。当这个任务完成之后，他累得病倒在床上，经理深受感动，在病床旁拉着年轻人的手说："要是你再不改变你的工作方式，我就要停止这个新产品开发的工作了，我宁愿不要这个新产品，也不能看着你这样糟蹋自己的身体。"听了经理的一席话，年轻人非常感动，并下定决心以后要更加努力地工作，回报经理。

经过此次事件，这个年轻人之后便不会把工作当成获取报酬的手段，而是当成自己的事业。因为从这件事情上他意识到：老板并不是只关心工作，还关心他的生活、他的健康。

可见，适度的人情可以激发员工的动力，这并不需要多少金钱与时间，只是需要你的一点诚意与关心而已。

2. 制度是死的，人是活的

曾在报纸上看到这样一则小报道：

部分银行对柜台取款做了限制，顾客取款金额小于5000元，柜台不办理，必须顾客自己去ATM机上取款。这一规定让有些老年顾客犯难了，因为他们不会用ATM机取款，怎么办呢？有一位老年顾客想了一个办法，他拿着银行卡到柜台取了6000元，然后再存5000元，这一做法轻松绕过了银行的规定。

我们赞扬这位顾客的聪明与灵活之余，不由得为银行的死规定感到可悲。与其说是顾客嘲弄了银行的死规定，不如说是银行用自己的愚蠢规定嘲弄了自己。

不可否认，银行的制度出发点是好的，可以减轻柜台的压力，但作为一种制度，应考虑周全。比如，有些顾客确实不会使用 ATM 机，或者有时候 ATM 机会出现故障，这个时候顾客该怎么取钱呢？这一案例提醒了企业管理者，在制定制度的时候，一定要灵活一点，千万不能死板地坚持不合理的东西。

公司的制度是由人制定的，而人的思维和视野会受到很多因素的制约，难免会有考虑不周的地方，制定的制度就难免存在漏洞。这个时候该怎么办呢？是死板地执行制度，并美其名曰"按制度办事"，还是听取员工的意见和建议，不断地补充和完善制度，必要的时候放弃错误的制度，采取合情合理的人性化管理方式呢？答案不言自明。

当然，如果制度本身没有任何问题，那么当员工违反制度时，管理者理所当然要按制度处理。但是要注意的是，制度是死的，人是活的。在执行制度的时候，管理者需要照顾员工的感受，尽可能地配合以情感人的管理手段，让员工心服口服地接受处罚。

西洛斯·梅考克是世界第一部收割机的发明者，也是美国国际农机商公司的创始人，被人称为企业界的全才。在他几十年的企业生涯中，他历经几次起落，但最后都以超人的素质昂首挺过来了。

作为公司的老板，梅考克手握大权，但他从不滥用。即使员工违反了公司的制度，他也能在严格处罚员工的同时，设身处地地为员工着想。这种既维护了制度的威信，又不伤害员工感情的做法十分高明。

有一次，一个老员工酗酒闹事导致了迟到早退，违反了公司的相关规定，应当受到开除的处分。当管理人员将这一处罚决定递交给梅考克时，梅考克当即表示赞同。但这一处罚决定公布之后，那位老员工十分恼火，他说："当年公司债务累累时，我不离不弃，3 个月拿不到工资我也毫无怨言，今天我犯了点错误就把我开除，你真是一点情分都不讲。"

梅考克平静地说："这里是公司，是有规矩的地方，不能有任何例外。"事后梅考克了解到，这名老员工之所以酗酒闹事，与他妻子刚刚离世有关。妻子离世后，他带着两个孩子，一个孩子跌断了一条腿，一个孩子因吃不到奶水而啼哭，他极度痛苦，于是借酒消愁，结果耽误了上班。于是，梅考克对老员工说："你现在什么也不用想，赶紧回去及照顾好孩子们，我们依然是朋友。"说完，他掏出一沓钞票塞到老员工的手里，对方顿时感动地流下了眼泪。

当员工以为梅考克会撤销开除他的决定时，梅考克强调了自己的原则，他表示不能破坏制度，这也赢得了员工的认同。

严格地说，管理的最终目的不是"管人"，而是"安人"。既然是"安人"，就要让人心服口服，没有怨言和不满。执行制度虽然很重要，但是制度之外的事情，影响也非常大。因为人是感情动物，顾及员工的感情是管理者必须做到的。

当员工违反了制度，面临严重的处罚时，管理者别忘了给员工精神安慰。当员工生活中有困难，即使他违反了公司的制度，管理者也不能坐视不管。如果管理者能够像梅考克那样，既能坚持按制度办事，又能灵活地处理与员工的关系。尤其是与员工保持良好的情感联系，那么就很容易让员工信服。

3. 柔性管理是人本管理的核心

所谓柔性管理，是指以"人性化"为标志，对员工进行人性化管理的管理模式。柔性管理是相对于刚性管理而提出来的，刚性管理是以规章制度为中心，用制度约束员工，而柔性管理是以人为中心，从内心深处来激发每个员工的内在潜力、主动性和创造性，使员工心情舒畅、不遗余力地为企业贡献力量。

在我国历史上，汉光武帝刘秀成功践行了柔性管理理念。西汉末年，王莽篡政，残虐天下，在民不聊生、群雄并起的乱世危局中，刘秀靠自己卓越的领导才能，不断壮大自己的实力，最后推翻了王莽，清除了封建割据势力，完成了统一大业。在此基础上，他建立了安定的社会秩序，使百姓安居乐业，国家繁荣富强，史称"光武中兴"。

刘秀认为，在管理中应该以柔克刚，即对人要仁德宽厚、广施恩泽，表达厚爱。对待下属，应该宽容豁达；对待百姓，要以宽松为本；对待功臣，要高职厚礼。刘秀还总结道："吾理天下，亦欲以柔道行之。"从现代科学管理的角度来看，刘秀真正实践了柔性管理。

日本"经营之神"松下幸之助也非常重视采用柔性管理策略，有一次，他在餐厅招待客人，一行6个人都点了牛排。当大家吃完牛排时，松下幸之助让助理把餐厅的烹调牛排的主厨叫过来，并强调："不要找经理，找主厨。"

主厨见到松下幸之助后，显得有些紧张，因为他知道客人来头很大。没想到，松下幸之助对主厨说："你烹调的牛排，真的很好吃，你是位非常出色的厨师，但是我已经80岁了，胃口大不如前。"

大家听松下幸之助这样说，都觉得很困惑，他们不知道松下幸之助到底想说什么，过了一会儿，松下幸之助说："我把你叫来，是想告诉你，当你看到我只吃了一半的牛排被送回厨房时，不要难过，因为那不是你的问题。"

　　试问，如果你是那位主厨，你听到松下幸之助说的这番话后，会是什么感受？你会不会觉得备受尊重呢？而一旁的客人听到松下幸之助如此尊重他人，更加佩服松下幸之助的人格，更愿意与他做生意了。

　　松下幸之助曾说过，当公司只有 100 人时，他必须站在员工的最前面，以命令的口气，指挥部下工作；当公司的员工达到 1000 人时，他必须站在员工的中间，诚恳地请求员工鼎力相助；当公司的员工达到 1 万人时，他只需要站在员工的后面，心存感激就可以了；当公司的员工达到 5 万或者 10 万人时，他除了心存感激，还必须双手合十，以拜佛的虔诚之心来领导大家。

　　从松下幸之助的话中，我们看到了柔性管理对企业发展的重要性。真正懂得真情关怀部下感受的领导是英明的，因为对别人的关心和善意，比任何礼物都能产生更好的效果。

4. 要允许下属犯"合理"的错误

　　豁达、开放、包容的胸襟，是所有管理者必须具备的要素。所谓"海纳百川，有容乃大"，"居上不宽"是管理者的致命伤。能够包容员工犯合理性错误的管理者，容易在员工中树立起威望，赢得员工的拥戴。学会善待员工，是管理者走向成功的第一步。

　　"金无足赤，人无完人"，员工的行为不可能永远都是正确的，所以，出现错误应该得到理解。犯错对于当事人来说是一件令人沮丧的事。倘若管理者不予以理解，无疑是雪上加霜。如果犯错者吸取教训成长起来，公司将收获一大笔财富。

　　在企业里，员工犯错误并不可怕，可怕的是一再犯同样的错误，重复犯错误的员工应当接受适当的处罚。任何员工都不可能没有缺点或者毛病，都会以各种各样的形式触犯公司的制度。聪明的管理者能够客观地对待犯错的员工，恰如其分地把握时机，在不断的批评教育中让员工扬长避短，迅速锻炼成长。

　　德国的西门子公司，在处理员工错误的问题上就做得十分出色。西门子公司的员工都有充分施展才华的机会，表现出色的员工很快就能得到提升。优秀员工可以根据自己的能力和志向，设定自己的发展轨迹，一级一级地向上发展。那些不能胜任工作的员工，西门子公司也不会放弃他们，会为他们提供提升自我的机会。实在不行，就尽可能换一个岗位让他们试一试。许多不称职的员工通过调整，都能找到合适位置，创造出色的业绩。西门子公司的这种做法充分挖掘了员工的潜力，为员工提供成长的机会，也为公司留住了大批人才。

　　有些员工个性张扬、锋芒毕露，在管理者面前不会谦虚谨慎，时有出言不逊。管理者对此也要善于包容。因为这些员工往往工作能力很强，为其提供充分的发展条件和空间，才能使其价值完全显现。激烈的市场竞争需要员工勇于开拓，没有前人引路，摸索前进很容易出现错误。对于员工创新过程中出现的错误，管理者要给予支持，激励他们做出更大的努力，为企业的跨越式发展寻找契机。

　　求全责备是管理者的大忌。这样的管理者，往往记住的是员工所犯的错误，而把员工的长处忘得一干二净。他们的眼里没有优秀的员工，只有需要接受处罚的员工。这样只会会埋没人才，降低员工的积极性。所以，一个优秀的管理者，必须做到"用人所长，容人所短"。

5. 管得过严会压抑积极性

我们先来看一个管理案例：

有一个企业制定了一本 20 万字的《制度行动指南》，里面对各方面的制度都有细致的规定，这些几乎覆盖了员工的所有活动，大到工作流程，小到衣食住行，应有尽有。比方说发票制度，制度里规定：每一张发票在报销单的后面，都要注明时间、地点、报销原因，如果员工去见客户了，报销费用的时候还要写明去哪里、坐什么车去的、见了谁等等，还有人专门检查。

制度很细致，老板也非常细心。每次他分派工作时，都会做到事无巨细地指示。比如，让员工布置会议室，他会告诉员工放多少把椅子，买多少茶叶、水果，会标写多大的字，找谁写，用什么纸，等等。一开始员工尚能接受，但时间一长，大家都觉得非常烦恼。因为老板经常在耳边喋喋不休，管得太细、太严，让大家感觉没有一丁点自由和权力。

制度里规定得太死，老板管得太严，员工的积极性和创造性就很难发挥。时间久了，员工的主动意识就会消失，什么事情都等老板的安排，老板不安排，他们也懒得思考怎么做。这样一来，员工还怎么把工作做好呢？

还有一个更荒唐的故事：一家公司规定，员工上班期间上厕所必须请示领导，领导登记批准之后员工才能去。而且每次上厕所，还有时间限制。公司这样做的出发点是监督员工上班效率，避免员工借上厕所偷懒、耗时间。结果造成员工的精神崩溃了，纷纷离职。

员工不是机器，不可能什么都按程序来。管理制度如果太细，管理太严格，超出了员工承受的限度，不但会造成管理成本过高，还会直接导致管理低效无用。事实上，员工具有主观能动性，具有思考力，一项工作该怎么做，他们有大概的认识。管理者如果真怕员工不会做，可以适当给员工指导一下，告诉他要注意什么。如果管理者做了这些还不放心，那么干脆别把这项工作交给这位员工，就换一个更能胜任这项工作的员工。

一位心理学家曾经说过："对创造者来说，最好的刺激是自由——有权决定做什么和怎么做。"如果你希望每个员工都变成创造者，充分释放他们的思想智慧和才华，那么你就不要用过于精细的制度、过于严格的管理锁住员工的创造力。

6. 解决员工的后顾之忧，与员工同甘共苦

一个合格的管理者必须清楚员工为什么工作，但绝大多数人不过是普通人，努力工作就是为了养家糊口。要想让他们死心塌地跟着你，先得解决他们的生存问题，只有解决了他们的后顾之忧，才能赢得他们的真心追随，从而建立起一个紧密团结、方向一致的队伍。

每个企业的领导者都想干几件惊天动地的大事，显而易见，光靠领导的一己之力是远远不够的，还需要得力下属出力，那么他们又凭什么竭尽全力地为领导者打天下呢？很简单——"利益"，领导者要想驱使员工，就必须在物质上毫不吝啬，给予员工相应的回报。然而，单靠金钱物质是收买不了人心的，更换不来下属的忠诚。明智的领导者懂得与大家同甘

共苦，这正是他们深受员工拥戴的根本原因。

在现实社会中，很多企业家能和员工共苦，却不能同甘，实际上这种做法是极其愚蠢的。作为在商界颇有名气的管理者，苏宁老总张近东对"财散则人聚，财聚则人散"的道理有着十分深刻的切身体会。

张近东深知能和员工同甘的领导才是一好老领导，随着苏宁的发展壮大，他的身价也是不断攀升，但他并没有忘了那些和自己一起打江山的"功臣"。张近东毫不吝啬地拿出一部分股权用于奖励那些有突出贡献的员工，他曾先后将股权分配给南京总部的数名高管，为了稳定各地分公司的管理团队，他还制定了十分具有诱惑力的特别奖励制度。只要分公司的高管表现突出，就有机会获得一定比例的分公司股份。

这种奖励措施把苏宁遍布全国各地的分公司管理层紧密地团结在张近东周边。和员工共享企业发展成果的做法，不仅打消了管理者担心被"辞退"的后顾之忧，还有效地减少了人才"跳槽"现象的发生。

张近东对待员工的这种慷慨举动，大大强化了各地高管对苏宁的归属感和主人翁意识。"同甘"的政策将众多的"职业经理人"一举变成了"事业经理人"，他们的工作积极性也得到了前所未有的调动。

对于管理者来说，与员工共患难并不是一件困难事，因为当企业面临内外交困之际，共渡难关是唯一的出路。危难过后苦尽甘来，千万不要忘记那些为你打江山的"功臣"。为了蝇头小利而"卸磨杀驴""过河拆桥"是极其愚蠢的行为，不仅会丢掉大批人才，还会让员工凉了心，没了得力下属的拥戴与支持，职位再高也只能成为光杆司令。

7. 过分挑剔下属的毛病，只会招来反感

每个管理者都希望员工在工作中发挥自己所有的优势，把工作做到极致，这种期望是应该的，员工也会因为领导这样的期望而感到受重视和被信任。但是，聪明的管理者不会把自己对员工过高的期望表现出来，因为期望太高会给员工带来压力，一旦员工没把工作做好或者做得不够好，管理者就很容易去挑剔员工，这样很容易招致员工的反感。最后，员工的积极性被打击了，管理者对员工的信任也会下降，这可不是管理者想要的结果。

高先生是一家企业的经理，他在工作上颇有建树，这对仅有高中学历的他来说，是一种非常自豪的事情，而他将此归功于对自己的严格要求。在管理中，他把这种严谨、严格发挥得淋漓尽致，主要表现在他对下属期望很高，要求相当严格，近乎到了一种"鸡蛋里挑骨头"的程度。

在日常管理上，高先生要求下属在上班时间不许擅自离开座位，更不能做与工作无关的事情。如果有谁接个电话，发个信息，或者同事之间闲聊几句，一旦被他发现，他就会严厉地批评。

另外，他还要求员工保持敬业的态度，下班之后如果谁立即收拾东西走人，他就会看不惯，说该员工不敬业。在他的管理下，不少员工养成了"早到晚退"的工作习惯，每天无偿加班一个小时，即使没什么事情可做，也要在公司待着，这让员工感到很不自在。

还有一点，高先生对员工的工作要求相当高。举个例子，

假如员工做了一个策划，他会让员工将策划修改不下 10 遍，而修改的地方大多是细枝末节，这种挑剔的毛病让员工感到身心疲惫，自信心和积极性严重受挫。

高先生的例子并不是个案，现实中，类似的管理者并不少，他们认为自己之所以成功，是因为对自己要求严格。于是，在管理中他们处处对员工施以高标准、严要求，以为这样能促使员工变得更加出色。殊不知，这样往往适得其反，会严重压抑员工的积极性。

聪明的管理者应该知道，不同的员工有不同的才能，有不同的个性，有不同的工作习惯，只要他们能够做好工作，能够遵守公司的制度，其他方面的细枝末节，完全可以忽略不计。这要求管理者调整对员工的期望，给员工合理的要求和任务，对员工宽严结合，同时结合有效的激励措施，才能使员工的潜能在自由的空间中最大化地释放。

8. 让员工轻装上阵，"心理减负"很重要

有时候，我们距离目的地只不过三两步，但偏偏有些人心事过重，步步都走得很艰辛，而这正是不少企业员工工作当中的真实写照。如果管理者没能充分考虑员工的心理负担，只是一味地督促对方努力工作，显然是起不到多大作用的。担心年纪大了以后的养老问题，忧虑孩子上学择校的事情，害怕生大病没钱去医院……每个员工都有很多需要忧虑的事情，巨大的心理压力使他们的工作效率也随之降低。

企业管理者要想提高员工的工作效率，就要让他们轻装上

阵，只有帮助员工解决掉那些令他们忧虑的问题，才能让他们心无旁骛地专心工作。当然，这只是心理减负不可或缺的举措，此外，还要增加对员工的感情投资，平时多关心员工，尽可能地帮助他们解决一些私人问题，这对减轻他们的心理负担是有好处的。

日本麦当劳的社长藤田田在《我是最会赚钱的人物》中谈道："如果要问世界上什么投资的回报率最高，我相信感情投资的花费最少，其回报率一定最高。"

为了减轻员工们的心理负担，一家大型跨国企业的人事经理采取了一系列行之有效的"温情"措施。该经理每年都会支付巨资给医院，作为保留一定数量病床的基金，不管是员工还是员工家属，一旦生病或出现意外，不用等病床，立即就能够住院接受治疗，这种做法不仅大大缓解了员工的精神压力，而且也保证了他们的工作精力。

此外，该经理处处为员工着想，专门把员工的生日定为个人休息日，这样一来，每位员工都能在生日当天与家人一起庆祝，精神上得到了放松，第二天上班自然会精力充沛。对员工进行感情投资，不仅有助于改善员工工作麻木、糊弄的状况，还能提高整个团队的工作效率。

作为企业管理者，我们有责任为员工减轻心理负担，但一个人的精力往往有限，很难面面俱到，更无法事无巨细地关注每位员工的一点一滴。要想让员工轻装上阵，就必须要借助正确而巧妙的方法。

在员工遇到困难的时候，不妨伸手帮一把，这不仅能让他们从沉重的心理负担下解脱出来，还能让他们心生感激，从而更加衷心地为企业效力。

9. 人事安排须合理，一加一一定要大于二

谈到企业中的人事安排，皮尔·卡丹先生曾直言不讳地说："用人上一加一不等于二，搞不好等于零。如果用人时组合不适当，会减弱整体的优势，安排得宜才能成最佳配置。"很多企业并不缺人才，但管理者如果不能把这些人才有效地组合起来，那么，即使是精英也会失掉原本的价值。

一个员工只有放到与之相匹配的团队中，才能释放出他所具有的能量。如果管理者不能对团队进行最佳配置，反而会阻碍那些优秀的人去实现自身价值，不仅能力会受到制约，团队的竞争力还会减弱。所以，管理者在组建、管理团队的过程中，一定要合理的安排好人员构成，争取实现一加一大于二的组合效果。

杰克就职于一家资产 300 万左右的公司，该公司主要从事"液体香皂"的生产和销售。尽管该公司的产品已经占据了当地市场，生存没有多大问题，但为了扩大市场份额，该公司高层经过反复讨论协商后，决定组建一个洗化用品研发小组，并将此项任务全权交给杰克。

作为项目负责人，杰克先进行了人员招聘，并引进了一批洗化产品专业人才。尽管该公司招聘的人员都是精英，但工作效率却一点也不高。俗话说"一山不容二虎"，原来，杰克将两个专业能力强、极有野心的人安排到了一起，于是，两个人明里暗里相互较劲，心思根本没有放到研发上。

为了改变这种状况，杰克对人事安排进行了调整，将原来

的一个工作小组分成两个研发小组，两人分别担任两个小组的负责人。在团队管理的制度上，杰克又采取两个小组相互竞争的考核制度，胜出的小组不仅有丰厚的奖金，还有升职的机会。

参加研发的还是那些人，只是人事安排却进行了重新组合，但工作效率却发生了翻天覆地的变化。原来没有一点眉目的研发工作，在人事调整之后，仅用了 5 个月时间就完成了。

通过这则实例，也不难看出不同人事安排所产生的不同结果。每个企业都有"孙悟空式"的人才，本事大脾气也大，如果把两个"孙悟空"安排到一个团队里去"取经"，那么，必然会发生内讧，从而产生一加一等于零的尴尬局面。相反，一个天才式的"孙悟空"、一个需要督促监督的"猪八戒"、一个任劳任怨的"沙僧"，如果这三类人组成一个团队，则能够相互协作，实现一加一大于二的组合效果。

10. 在软与硬之间找到管理的发力点

在现代企业的管理中，制度非常重要。制度面前人人平等，管理者必须以强硬的态度执行企业制度。然而，企业制度不能成为管理者对员工冷漠的借口。员工也是有七情六欲的人，需要理解和关心。所以，管理者在企业管理中要软硬兼施，在软和硬之间找到发力点。

过于强硬的管理者，会让员工觉得他头角峥嵘、浑身是刺。强硬到一定程度，管理者就会激起众怒，信任就无从谈起。而管理者事事把人情放在第一位，会让员工觉得他软弱可欺，威严就无从谈起。管理者在应对复杂多变的管理工作时，必须有灵活的技巧。该惩罚时决不姑息，该宽容时也不能不近人情。

为中小企业提供管理软件的易科集团就体现出灵活的管理艺术。易科亚太区总裁曹毅明认为好的业绩是充分发挥员工积极性的结果。对于公司员工，他既大胆放权又非常讲求原则。中国区总经理周晓玲就是他用这种方法培养出来的，周晓玲又用这种方法来培养自己的下属。有一次，一位销售人员因为个人失误做砸了一笔生意，按公司规定应该接受惩罚。周晓认为员工的一次失败是可以原谅的，便说："不怕你丢了潜在客户、做砸了一个单子。给你3个月的时间，如果你能找到自己失败的原因并且改正过来，这件事就当没有发生。"这个员工后来成了易科中国区的骨干销售力量。

凡事"过犹不及"，无论惩罚还是宽恕，都有一个"度"的问题。把握好这个度，就能做一个成功的企业家。"人情"是个温情脉脉的名词，倘若管理者不分场合、随意地施舍人情，公司制度的权威就无法维护下去。很可能会把企业送上"断头台"。倘若管理者心肠硬得堪比钢铁，丝毫不讲"人情"，员工在他眼中只是创造价值的机器。

在现代管理中，软和硬是相辅相成、关系密切的两种手段。如果有所偏倚，就会给工作带来危害。成功的管理者既有人情味，又有魄力，不会给人造成软弱可欺的假象，也不会让人觉得他是冷血动物。学会在软和硬之间找到管理的发力点，针对不同情况随机应变，公司就能快速、高效地运转下去。

11. 管理无法触及的地方可以靠企业文化解决

尽管我们不断强调用制度管理企业、管理员工，但是我们也要明白，制度不可能100%堵住企业的所有漏洞，也不可能解决企业存在的所有问题。因此，制度要与企业文化相结合，换个角度讲，制度的实施离不开企业文化的基础和支持。一旦离开了企业文化的指导，制度与企业文化不相符，制度必然会成为空中楼阁、成为短命的制度，或者效果不好，而且还会有损企业文化的建设。

举例来说，每一位管理者都希望自己的团队充满凝聚力，但是要想打造充满凝聚力的团队，单靠制度能做到吗？答案是否定的。多少企业在严格的制度管理下，员工不但没有凝聚在一起，反而人心涣散；多少公司在严格的制度管理下，竞争力没有增强，反而导致员工积极性不高。其实，对于这种单靠制度无法解决的问题，可以用企业文化去解决。

美国国家罐头食品有限公司是世界第三大罐头食品有限公司，公司的总裁弗兰克·康塞汀是一位深受员工敬重的领导。弗兰克·康塞汀之所以深得民心，关键在于他倡导"以公司为家"的企业文化，公司充满了家庭气息，公司活动有郊外野餐，还有抒情音乐陪伴员工工作。

有一年，公司在俄克拉荷马的分厂发出招聘信息，打算招聘100个员工时。短短几天内，他们居然收到了2000份应聘简历。单从应聘者的数量来看，我们就可以知道该公司有多大的吸引力。

康塞汀在管理中懂得给员工认可感、满足感，并以此培养员工的归属感，他认为这比单纯给员工报酬好得多。当公司在亚利桑那州的菲尼克斯工厂取得了卓著的成绩后，公司搭起了一个露天马戏场，让员工在工作之余尽情地玩乐。在马戏场建起的那天，94 名工人一天生产了 100 万个罐头。也就是那一天，马戏团成了欢乐的海洋。而 3 年之后，工人们每天生产的罐头产量接近 200 万个。

随着公司不断壮大，康塞汀非常高兴，但他也表示非常难过，因为他没有时间与员工面对面交谈，这意味着不能给员工零距离的激励。于是，他经常对下面的管理人员说："无论多忙，都应该好好考虑员工的想法，要尊重和信任员工，要把大家当成兄弟姐妹一样来对待。"正是在这种企业文化的影响下，公司才能够茁壮成长。

企业文化是企业的精神食粮，也是员工的精神指导，它能深深地影响员工的思想和行为，并使员工尽可能向企业目标靠拢。在马斯洛的"需求层次"理论中，自我实现是人的最高需求。当员工的这种需求得到满足之后，那么员工将获得无限的激励，并会对企业产生强烈的荣誉感和归属感，员工会为自己是企业的一员感到自豪，并且觉得为企业的发展而服务是一种快乐。

所以，重视企业文化建设，努力创造人性化的企业文化，是最大化地激励员工潜能，打造公司凝聚力的重要保障。例如，索尼公司的所有管理者都没有独立的办公室，这样做是为了消除管理者与员工之间的隔阂，使大家融为一体，平等相待，同时也便于沟通和协作。在这种平等的企业文化中，索尼公司几十年以来，一直保持着旺盛的生命力。可见，良好的企业文化是企业发展的原动力。

第八章
扬长避短，会管人更要会用人

　　成大事创大业，最不能缺少的就是人才。有了人才，还要会用。身为管理者，关键在于汇聚众人的智慧，把各种各样的人用好，让他们各尽其能。所谓"人尽其才，物尽其用"，用人的最高境界就是充分发挥人才的优势，避开人才的短处，并让不同类型的人才形成优势互补，这样就能取得"$1+1>2$"的用人效果，促使企业兴旺发达。

1. 最适合企业的人才，即是最佳人才

在用人时，企业经常遇到这样的问题：是选择最优秀的
人才，还是选择不太优秀，但最适合企业的人才？有些管理
者可能觉得，最优秀的人才能力出众，能为企业带来更多的
价值，但是无数企业家的用人经历证明了一点：选择最优秀
的人才就好比把飞机引擎装在了拖拉机上，最终还是飞不
起来。

很多知名企业在用人上，都讲究量才施用，重视选择最
适合企业的人才。例如，联想集团的用人理念是"用的人才
都是适合联想的，但并不一定都是最优秀、最好的人才"。
日本东芝公司推行"适才所用"的用人原则，让员工在最能
发挥自己专长的职位上工作。北京双鹤药业的用人理念是
"敢于起用新人，不求最好，只要能胜任工作，合适的就提
升"。

从这些企业的用人理念上，我们可以发现他们都有一颗理
智看待人才的心，他们不是一味地追求高素质、最优秀的人
才，而是选择适合企业的人才。在他们看来，适合企业的人
才，就是最好的人才。在这样的企业里，人才可以得到充分的
尊重和认同，大家都在适合自己的岗位上努力，这样的企业怎
么能不欣欣向荣呢？

在新闻界，默多克的管理团队非常有名。他们始终强调人
才可以不是最优秀的，但在某个领域应该是最突出的。在默多

克买下经营不善的英国《太阳报》之后，他做的第一件事是让这份亏损的报纸为他赚钱。但是怎样才能赚到钱呢，把这份报纸交给谁来管理呢？默多克思前想后，最后决定让阿尔伯特·拉里·兰博来担任《太阳报》的主编。

默多克之所以选择让兰博担任《太阳报》的主编，是因为兰博是记者出身，喜欢挖掘那些"耸人听闻"的新闻来刺激读者，引起读者的关注。同时，兰博在办报方面善于整合版面，使版面新颖、便于读者阅读。默多克认为，这两大优点是处于亏损状态的《太阳报》最需要的元素。果然，兰博上任后，进行了一系列卓有成效的改革，很快将《太阳报》从亏损的泥潭中拖出来，为默多克带来了巨大的利润。

什么样的人才是企业的最佳人才？默多克用事实给出这个问题的答案：最适合企业发展需要的人才，就是最佳的人才。对企业来说，让合适的人来做合适的事，远比开发一项新的战略更重要。

微软创办初期，公司仅有5位年轻人，其中一位是女秘书，她大学毕业不久。在工作上，她的作风散漫、态度不端正。比尔·盖茨想找一位工作热心、事无巨细的总管式女秘书来替代这位女大学生。招聘通知发出之后，有意这份工作的应聘者很多。面对众多的求职简历，比尔·盖茨逐一仔细地审查，最后他选中了42岁的露宝——一位有4个孩子的母亲，曾从事过短期的文秘工作，还从事过档案管理和会计工作，但是她没有高学历和高职称。

事实证明，比尔·盖茨的选择是正确的。露宝的加入为年轻的比尔·盖茨提供了很大的帮助，她就像母亲一样，带给了比尔·盖茨精心的照顾。在她的辅佐下，比尔·盖茨的工作轻松了很多。

与那些出身名校的高材生相比，露宝在学历上明显逊色，但是比尔·盖茨坚持"不求最好，只求适合自己"的用人原则，给了露宝展现自己作为女秘书应有的素质。这再一次表明，选择人才要看其是否适合自己的企业，没有最好的人才，只有最适合的人才。

2. 选人不要只关注学历，会干事才是硬道理

企业的发展壮大需要人才做后盾，可是选择怎样的人才为企业效力呢？有些企业管理者在选人时一味地以人才的学历为标准，只关注人才的出身、背景，却不重视人才的实际能力，结果花重金把名校的高材生招来，企业效益却上不去。这种现象值得每个管理者反思：招聘人才来公司，到底是为了什么？是为了装点企业的门面，好让同行看到我们公司'人才'济济——都是名校出身的人才，还是为了干实事，提升效益，为企业谋发展？

世界报业大亨默多克曾经说过："人才没有标准，新闻集团的高层并不一定都需要具备博士学历才能担任。只要你有能力，为集团发展做出了贡献，我们不会亏待任何一个在这里发展的人才。"其实不止是新闻集团的人才没有标准，很多行业的人才也没有硬性的标准。如果有标准，那唯一的标准就是会干事、干好事的能力。

在一个人才招聘现场，一位人力资源专业毕业的硕士生与企业招聘人员谈到对薪水的要求时说道："月薪不能低于1万，低的免谈。"当时已经到了下午，招聘现场的人也不多，招聘人员就想多了解一下这位硕士生，于是提了一些实际工作中的问题，想考一考他处理问题的能力。

这个问题是这样的：公司老板让采购经理去一个指定的供应商那里购买材料，而这个供应商是老板的小舅子。采购经理犯愁了，因为他每次从老板小舅子那里买回来的材料质量都不好，但如果不买就违抗了老板的命令，买了就会挨老板的批评："你每次买来的材料质量都不好，而且价格那么贵，到底是怎么回事？"请问：如果你是人力资源顾问，你会如何与老板协商这个问题？

硕士生的回答令招聘人员大吃一惊，他的回答居然是："这个问题书本上好像没有讲过。"招聘人员说："是的，这种问题书本上确实没有讲过，但读书并不是解决实际问题的唯一途径，做人力资源顾问没你想的那么容易，实际工作能力才是最关键的。"顿时，硕士生惭愧无语。

我们不否认高材生的实际工作能力，但我们要强调的是：选择人才，不能只关注学历，会干事才是硬道理。巨人集团的创始人玉柱曾经说过："初中水平跟博士后没什么区别。只要能干事就行，我一直是这个观点，不在乎学历，只要能干、能做出贡献就行。"在史玉柱看来，所谓的人才就是，我把一件事情交给你，你做成了，我再把一件事情交给你，你又做成了。只要你能把事情做成，你就是有用的人才。

在微软，员工的薪水、职位从来不会论资排辈，员工的升迁、涨薪取决于他的个人成就。在微软，副总裁的工资低于一个软件工程师的工资是很正常的现象。但这种现象在其他公司，恐怕很难见到。正是这种以人才的能力、个人成绩来确定员工薪酬的用人制度，激励着微软员工更加努力地工作。到1992年时，微软公司的百万富翁已经多达3000人。

海尔集团的创始人张瑞敏曾说过一句名言："能者上，庸者下，平者让。"当你发现人才的学历与他的能力不匹配，当你发现人才空有学历，没有能力或能力不足时，管理者有必要以人才的能力为标准来择良木而用之，而人才能力的最好体现就是他的工作业绩。所以说，员工会干事才是企业发展的硬道理，会干事才是选拔优秀人才的主要标准。

3. 领导者要有大胸怀，敢于任用比自己优秀的人

有人曾专门做了一项研究，大意是：如果领导者的个人能力是90分，但带的"将"只有60分，那么这个团队的战斗力大概只有60分。如果主管的能力是80分，但带的"将"大都在90分以上，那么这个团队的战斗力可以达到90分以上。

这项研究告诉我们，领导者的价值不在于他个人能力有多强，而在于他能够带领有能力的下属来完成团队目标。因此，领导者不应该只关注个人的"成绩单"，而应该更关注团队的"成绩单"。怎样才能让团队的成绩单更优异呢？最有效的一个办法就是任用比自己更优秀的人。

大卫·奥吉瓦尼是世界著名的奥吉瓦尼广告公司的创始

人。每当公司新进一位高层管理人员，他都会赠送一套俄罗斯娃娃给他。打开外边最大的娃娃，里面还套着一个小一号的娃娃；再打开小一号的娃娃，里面还有一个更小的娃娃。一直这样打开，新进的管理者会看到第5个娃娃里放着一张纸条，上面写着："倘若我们每个人所重用的人都比我们矮，我们的公司就会变成矮人公司；倘若每个人所重用的人都比我们高，我们公司就会成为巨人公司。"

大卫·奥吉瓦尼用俄罗斯套娃向新进的管理者说明了一个道理：敢于任用比自己优秀的人才，公司才会越办越好、越做越大；只重用比自己差的员工，公司就会越办越萎靡、越办越糟糕。古往今来，高明的领导者无不深谙此理。

刘邦治军打仗不如韩信，但是他敢用韩信；运筹帷幄不如张良，但是他愿意起用张良；镇国家、安抚百姓，供给饷馈，他不如萧何，但是他愿意重用萧何。通过重用这3个人，刘邦在楚汉之争中才获得了胜利，开创了大汉的百年江山。反观项羽，虽然他"力拔山兮气盖世"，可他用的人没有一个比自己高的，范增足智多谋，但是最后被他撵走了。最后，项羽落得四面楚歌、众叛亲离、自刎于乌江的下场。

领导者必须认识到，如果团队里你是最强的，你不知不觉就会成为"锅盖"，把团队成员"盖"住了，使员工很难有展现自己的机会。这个时候，领导者就会成为团队进步的障碍。只有敢于任用比自己更优秀的人，才能揭开"锅盖"，让团队成员看到更广阔的天地，拥有更大的发展空间。

4. 任人唯贤，而不是任人唯亲

李嘉诚曾经说过："在我心目中，不管你是什么样的肤色，不管你是什么样的国籍，只要你对公司有贡献、忠诚、肯做事、有归属感、有长期的打算，我就会帮你慢慢经过一个时期而成为核心分子，这是我公司一向的政策。"

李嘉诚的用人观是开放的，只要他发现你是个人才，就会重用你。这种爱才的程度绝不亚于三国时期的曹操，真正做到了各采其长。他不但善于识人，也非常善于用人。尽管他握有大权，但他也物色了不少出众的管理人才，放权给他们去管理业务。

周年茂、霍建宁是两位少年老成的将才，他们为李嘉诚开拓商业疆土立下了汗马功劳。尽管当时他们只有 30 岁，但李嘉诚依然对他们委以重任。李嘉诚用人不看资历、不看虚名，而是看一个人的实际能力，只要实践证明他们确实有超常的才华，李嘉诚就会毫不犹豫地重用。这种"不拘一格用人才"的人才观，正是李嘉诚的过人之处。

很多企业家、领导者喜欢用自己的亲信，认为亲信才是最可靠的，这就是所谓的"任人唯亲"。这在李嘉诚看来，必然会有损事业，他解释说："唯亲是用是家族式管理的习惯做法，这无疑表示对'外人'不信任。"

事实上，李嘉诚的企业是典型的家族式的企业，但是李嘉诚从一开始就不按照家族企业的模式去经营和管理，他采取的是中西方相融合的管理模式，举贤不避亲，举亲不避嫌，只要有能力的人，他就会重用。这是他事业成功的关键。

20世纪80年代，李嘉诚的企业正在蓬勃发展中，不少潮州老家的侄辈亲友找到李嘉诚，表示希望来他的公司上班，但被李嘉诚拒绝了。尽管如今长江实业也有李嘉诚的家乡人，但他们靠的是本事和能力进入企业的。曾经有一位员工这样评价李嘉诚："对碌碌无为之人，管他三亲六戚，老板一个不要。"

李嘉诚非常清楚，如果任人唯亲，那么企业内部被亲人霸占，就很容易把优秀的人才拒之门外。这样的管理，也许凭借创业者的个人才华，企业可以显赫一时，但很难维持到第二代。李嘉诚明白，创业之初靠自己，发展阶段靠团队，怎样用人，是企业稳定发展的关键。

在李嘉诚的下属中，也有自己的亲属，但这不是胡乱提拔的，而是在考察了对方的能力和品德之后，才予以重用的。在这些亲属中，最亲近的人是他的儿子，因为他们的确是可造之才，所以李嘉诚给他们施展才华的空间。对此，李嘉诚从来不忌讳被人议论，这种举贤不避亲的管理之道，也是李嘉诚的事业延续至今的一个关键。

5. 坚决做到能者上，庸者下，平者让

海尔集团创始人张瑞敏曾经在谈到如何选人、用人时，说过这样一句话："能者上，庸者下，平者让。"即让有能力的

人担当要职，让能力平庸的人下岗、离开，让能力一般的人让出重要的岗位，从事一般性的工作。这句话是对人才能力与职位匹配的经典概括，是选人、用人的智慧宝典。

在管理中，当你发现某个人才的能力与他的职位或所负责的工作不匹配时，你可以依据"能者上、庸者下、平者让"的用人原则来处理。而怎样判断一个员工是能者、庸者还是平者呢？最关键的就是看员工的业绩。只要员工能干事、干成事、干好事，即便他没有高学历，即便他年纪轻轻、资历尚浅，也是值得企业重用的人才。

"能者上、平者让、庸者下"很好地体现了公平竞争、优胜劣汰，这是顺应时代发展潮流的。推行这种用人的策略，可以充分调动员工的积极性，让那些安于现状、不思进取的员工紧张起来。

值得注意的是，评价能者、庸者、平者这三类人才，不能只看员工的工作能力和业绩，还要看员工的品德。有才无德的员工就如企业的定时炸弹，无论如何也称不上能者，因此，对待这种员工一定要警惕，必要的时候将其辞退。比如，有些员工原来品德较好，但后来受到不良的影响，染上了一些恶习，做出了危害企业的事情，那么对待这种员工，必须下狠手，千万不能心慈手软。

比如，红顶商人胡雪岩曾有一名叫王三江的下属，他原本是个人才，为胡雪岩的钱庄做了很大的贡献，胡雪岩也非常器重他。可是后来王三江染上了赌博，多次以胡雪岩的名义挪用钱庄里的钱，胡雪岩得知这件事后，毫不留情地将王三江赶出了钱庄。王三江的故事告诉企业管理者，曾经的得力干将，某

一天也许会变成企业发展的阻碍，变了质的人才就称不上人
才，就要果断淘汰，这样才能为企业注入新的活力。

6. 同等条件下，优先选用"潜力股"

企业用人，一定要优先选用"潜力股"。有潜力的人才，只
有在合适的岗位上，才有机会充分发挥自己的聪明才智。试想
一下，员工业绩平平，总不能让他"占着茅坑不拉屎吧"？因
此，让位是必然。让位给谁呢？当然是让位给有潜力的"将
才"。很多员工既没有修养，又没有能力，还经常出纰漏，给公
司惹乱子，拖公司的后腿。因此，这样的人只能让他"走人"。

康佳公司特别重视人才。在康佳，无论你是普通员工，还
是一般技术员，无论你在哪个岗位，只要你有真才实学，公司
就会把你放在合适的位置上，对你予以重用。

康佳恪守的管理原则是"爱才、用才、育才"，很好地调
动了人才的积极性，提高了员工的工作效率。每一年，康佳都
会把公司的庸才清除掉、把业绩差的员工淘汰掉，人数大概占
总人数的5%，从而给新员工提供合适的机会。而对于成绩卓
著的员工，康佳会加以提拔。

公平竞争、优胜劣汰，这是市场发展的需要，也是顺应人
类的客观规律。推行这种用人策略，一方面可以充分调动人才
的工作积极性，另一方面也会让那些安于现状的员工紧张起
来，这样对企业的发展也非常有必要。

有些人一开始是个能者，在自己的职位上兢兢业业，工作

业绩突出，但是后来"变质"了。他变得不安分守己，开始无视公司制度，沦为了一个庸才。对于这种人，老板必须下手狠一点，该清除出公司的一定不能留下，以免给自己留后患。

曾经的得力干将，也许会变成你的累赘，变成公司发展的阻碍。因为人是会变的，而且最怕人品变坏。如果有一天，当你发现公司的一位能者有挪用公款、吃回扣等严重的不良举动时，请狠心将其请出门外。记住，当能者变成庸者时，该淘汰的必须要淘汰，这样才能保证企业源源不断的活力。

当然，行业里还有这样一句话："说你行，你就行，不行也行；说你不行，你就不行，行也不行。"在企业管理方面，特别是企业在招聘时，招聘人员容易被个人偏见所左右，从而错失人才，或者在企业管理过程中，管理者由于个人偏见，对那些善于阿谀奉承的庸者和平者有较好的印象，而对那些靠实力说话的能者却没有好感，这样也很容易导致能者的才能被荒废。

现实中，有些老板、管理者对待人才，就像叶公好龙，他们对人才的渴望只是停留在口头上。当真正的人才出现在他们面前时，他们又犯糊涂了，把人才闲置在那里，能者变成了庸者。所以，老板要对人才多一点信任，多一点包容，多给人才创造条件，这样才能保证人才的真实能力得以发挥。

7. 用最高的位置，把有最高本事的人留下来

企业把优秀的人才聚集过来，才算成功了一半。如果不能留住人才，那么人才只能是企业的匆匆过客，对企业的发展就

起不到推动作用。

古往今来，因不善于留人才，导致人才得而复失的事例比比皆是。比如，陈平、韩信等人曾在项羽帐下供职，但是项羽不识才、不懂得留才，最后导致这些人转投刘邦；荀彧、荀攸、郭嘉等人曾在袁绍手下效力，但袁绍与项羽是同等用人水平，最后导致这些人转投曹操。

通过这些事例，我们会发现：在得到人才之后，一定要想方设法留住人才。只有留住人才，才能长期地使用人才，人才的价值才能发挥出来。说到留人才，我们就不得不提用职位留人。许多优秀的领导者，都善于把"职位"作为留人才的筹码，并取得了很好的成效。

很多优秀的人才都渴望获得升迁。比如，业务员想当主管，当了主管想当经理。所以，对待优秀的人才，给他们加官晋爵、给他们荣誉和表彰是很有必要的。

卡罗·道恩斯原本是一个收入颇丰的银行职员，为了更好地发挥自己的才能，他辞去了银行职员一职，进入杜兰特公司，这就是后来声名显赫的通用汽车公司。在工作半年之后，道恩斯想知道公司总裁杜兰特如何评价自己的工作，于是他给杜兰特写了一封信，并在信的最后问道："我是否可以在更重要的职位从事更重要的工作？"

杜兰特看了这封信之后，在上面做了批示："现在任命你负责监督新厂的机器安装工作，但不保证升迁或加薪。"然后，杜兰特把施工图纸交给道恩斯，要求他按照图纸施工，想看他做得如何。

道恩斯从未接触过这方面的工作，也没有接受过任何培训，但是他接到任务后，认真研究图纸，遇到不懂的问题时，他会向相关的人员请教，很快，他就把这项工作弄明白了。最后，提前一周完成了杜兰特交给他的任务。

当道恩斯来到杜兰特的办公室汇报工作时，他发现杜兰特办公室旁边的一间办公室的门上，写着"卡罗·道恩斯总经理"。这是怎么回事呢？原来，这是杜兰特给道恩斯的专门办公室，他已经决定提拔道恩斯担任公司的总经理，而且年薪是原来的 10 倍。

杜兰特为什么要这么做呢？他对道恩斯是这么说的："我给你那些图纸时，我知道你看不懂。但是我要看你如何处理。结果我发现你是个领导人才。你敢于直接向我要求更高的薪水和职位，这是很不容易的。我尤其欣赏这一点，因为机会总是垂青那些主动出击的人。"

杜兰特对待卡罗·道恩斯的这个案例，给所有的管理者们上了一堂深刻的"留人课"。当你发现某个员工是个人才时，应该立即赋予他相应的职位，尤其是当人才自己提出想担任更高的职务时，管理者更要重视满足人才的职位要求。

8. 对自己有用的人要舍得下血本

人才是企业腾飞的有力翅膀。在当今社会，谁能得到优秀人才的辅佐，谁就能在激烈的竞争中杀出一条血路，打下一片江山。那么，怎样才能吸引优秀的人才，怎样才能留住优秀的人才呢？如果企业老板舍不得下血本，那结果便是"舍不得孩子套不住狼"，正所谓不舍不得，人才肯定会离开企业。

作为企业老板，一定要明白：优秀的员工为你工作，最大的愿望之一就是赚到更多的钱。如果员工认为自己的付出远高于公司给他的回报，他肯定会另谋高就。所以，如果你发现有用的人才，一定要舍得下血本。在优秀员工身上下血本是永远不会赔本的买卖，因为员工会更加忠于企业，为企业的发展鞠躬尽瘁，为企业的腾飞带来滚滚财源。

著名的红顶商人胡雪岩，在聘请得力助手周一鸣时，也是采取高薪的手法。周一鸣原本在同行的一家钱庄工作，胡雪岩去过这家钱庄几次，发现他做事认真且讲究章法。于是胡雪岩判定周一鸣是人才，决心将他收为己用。但是胡雪岩知道，周一鸣所在的钱庄给他的待遇相当不错，如果想把周一鸣吸引过来，就必须给周一鸣更高的待遇。

一开始，胡雪岩找周一鸣只是闲谈，然后问他职业生涯的规划。周一鸣说希望今后每年挣200两银子，两三年后，把妻子和父母接到杭州城一起住。这时胡雪岩心里有底了，就把自己想让他来杭州阜康钱庄任职的想法说了出来。

胡雪岩开出怎样的条件呢？他给周一鸣每个月20两银子，并且表示每年年终会根据钱庄的效益给周一鸣分红，也就是一年600两银子，这远远超过周一鸣每年挣200两银子的目标。还有就是，胡雪岩先支付周一鸣一年的工资，以便周一鸣把老婆和父母接到杭州来。

胡雪岩在周一鸣身上可谓下足了本钱，也深深打动了周一鸣。因此，周一鸣答应来阜康钱庄任职。后来，周一鸣在阜康钱庄表现得相当出色，为胡雪岩效力了几十年。

　　胡雪岩是有远见的，他深知企业得到一个优秀的人才是一本万利的买卖。所以，他不惜重金聘请周一鸣，后来，周一鸣果然为阜康钱庄带来了滚滚的财源。在这一点上，胡雪岩下了狠心，因为他若下不了狠心，怎么可能舍得给周一鸣高薪呢？

　　当然，对于刚出校门、没有经验的新人，老板们要谨用"重金留用"的策略。因为你还未发现他的才能，你不妨多观察一些时日，在这段时间内，多给新人一些具有挑战性的任务，以考验其才能。如果发现他是有用之人，也不必拘泥于他年轻、经验不足的缺点，大胆放手让其发挥潜力才是明智之举。

　　最后，老板们要注意一点，重金或许可以吸引人才，也可以在一段时间内留住人才，但是如果你想让人才长期辅佐你，你就必须在高薪留人的前提下，注重培养与人才的感情，以情感人、以情留人。金钱留人和感情留人相结合，才是网罗人才最靠谱的策略。

9. 知人善用，是成功管人的关键

　　人的能力有高低好坏之分，如何用人、管人，对企业的领导者来说是一项极其严格的考验。大材小用，难免挫伤员工的工作积极性，从而导致人才流失；而小材大用，又难免会引起工作上的混乱。唯有知人善用，把合适的人放到合适的位置上，才是企业发展的长远之道。

　　要想成功管人，首先要选对人、用好人。管理者在组建团队时，一定要根据不同岗位的需要，吸纳与它匹配的人才。只要善于挖掘，了解其长处、洞察其优势，并深知其短处和不足，就能在选人、用人的过程中做到扬长避短，使人才潜力最大化。

在不少管理者眼中，能够担任经理一职的人必定业务能力优秀、专业知识丰富、为人处世也相对练达。但一家玩具厂却反其道而行之，聘请了一位年仅14岁的小丫头担任经理顾问一职。此举迅速成为该行业的头号新闻，不少人嘲笑该玩具厂的老板："14岁的丫头，压根不知道管理为何物，让她当经理简直是天大的笑话。"此外，还有不少业内人认为这是明目张胆的炒作。但实际上，该厂并非是为了制造轰动效应，此举乃是知人善任的体现。

玩具的主要使用人群是儿童，评判玩具好坏最有发言权的是儿童而非成人。该厂曾经推出过多款玩具，尽管成人觉得有趣，但孩子们并不买账。基于此，玩具厂老板经过深思熟虑，决定聘请一个熟悉各类玩具的孩子当经理顾问，这样一来，在产品设计方面就能更贴近儿童的审美，从而开发出受他们欢迎的玩具。

事实证明，这种尝试是非常成功的。女孩担任该厂经理顾问后，尤其是在玩具的开发设计方面，提出了不少有价值的建议。经过她把关的玩具一经面世，便受到了孩子们的喜爱，玩具厂的销量也大幅增加，利润更是翻了一番。

一个知人善任的管理者，能够清晰地判断出，什么时候用什么样的人。世界上只有混乱的管理，绝没有无用的人才。不管是什么样的人，只要用对了地方、用对了场合，就能起到超乎想象的作用，从这个角度来看，"善任"无疑是衡量企业领导者好坏的一个重要标准。

　　管理的本质是管人，管人的前提则是用人。只有充分掌握了人才的特点，并结合企业自身的实际情况，才能找到最佳的用人方案，并充分拓展企业的发展空间。身为管理者，必须善于区分不同素质和才能的人，把他们放在相应的岗位上，人尽其才，使其各尽所能。只有这样，才能形成稳定的人才结构，从而保证企业的高效运转。

10. 给猴子一棵树，给老虎一座山，用人需扬长避短

　　柳传志曾说过一句很有意思的话："管理的真谛就是——给猴子一棵树，给老虎一座山。"大意是为人才提供一定的条件或环境，更确切地说是给人才提供合适的岗位，使他们的能力得到最大限度的发挥。给猴子一棵树，猴子可以轻松地攀登；给老虎一座山，老虎可以自由纵横。这就是企业管理中最简单、最有效的用人智慧。

　　金无足赤，人无完人。在这个世界上，没有一无是处的人，也没有十全十美的人。身为管理者，要做的就是找出下属的优势、强项、长处，然后赋予他一定的职责和任务，让他们的优势、强项、长处得到充分的发挥。这样员工工作起来就会轻松快乐，企业也能轻松获得惊人的经济效益。

　　在一次商界聚会上，有一位老板扬言要把手下的 3 个"不成材"的员工炒掉。他的大意是：张三整天吹毛求疵，李四

整天杞人忧天，害怕公司出事故，王五是个话痨。这位老板的话被另一位老板无意中听到了，他莞尔一笑，说："既然你不想要这3名员工，就给我吧！"那位老板慷慨应允。第二天，那3名被"抛弃"的新人来到新公司报到，新老板给他们安排工作："张三负责质量监督和管理，李四负责保安工作，王五负责企业产品宣传和推广工作。"三人欣然受命，马上兴冲冲地去工作了。

由于做自己喜欢做、擅长做的事情，这3个人的创造性得到了很好的发挥。不久，公司的效益直线上升，公司的产品质量问题骤然下降，公司的安全隐患、危机问题，也得到了解决。

这位老板的做法与三国时期曹操的做法非常相似，曹操在用人时，也善于知人善任，唯才是举。曹操知道哪些人是人才，知道他们是哪方面的或哪种类型的人才，然后把他们放在最合适的位置上。比如，崔琰、毛玠为人清廉正派，曹操让他们选拔官吏；枣祗、任峻任劳任怨，曹操就让他们负责屯田……正是由于曹操的知人善任，他帐下的大批谋士和猛将才能在自己最擅长的职位上为其效命。

俗话说："不怕有短，只怕无长。"每个人都有缺点，也有优势。身为领导者，应该具有一双善于发现员工优点的慧眼，还应该有一个善于包容员工缺点的心胸。当员工的某个优点能为企业带来巨大的效益时，领导者不妨包容员工其他方面无关紧要的缺点。这样才能让员工最大限度地发挥"优势效应"。

让猴子爬树，猴子自然会爬得游刃有余，它还会把爬树当成一种享受；让老虎镇山，老虎会让整片山林太平无事，让山林茂密繁盛。所以，不要苛求员工有这样或那样的缺点，而要重点发现员工的优势，引导员工扬长避短，让员工把优点发挥到极致。当员工做自己擅长的事情时，他们才会获得巨大的成就感和价值感，才能为企业带来巨大的效益。

11. 让员工的能力与职务相匹配

管理学家亨利·艾伯斯曾经直言不讳地指出："上级领导的职责就是要把下级的行为纳入一个轨道，使大家为了实现组织目标而努力。"这里所谓的"轨道"也就是我们通常所说的工作职务。企业管理者在给员工们安排职务、分配工作任务时，一定要充分考虑到每个人的能力大小，只有让他们的能力与职务相匹配，才能统筹好整个企业的工作进度，并恰到好处的做好管理工作。

员工能力与企业的发展目标往往存在一定差距，这是所有管理者都必须面对的问题。为了实现企业的长远发展，领导者通常会制定相应的发展规划，同时还会不断提高员工的工作技能，但对下属高要求的过分做法并不明智，反而会引起员工反感，从而严重挫伤他们的工作积极性。

日本三洋电机公司在人才的使用上一直奉行合理适度的原则，每个员工的能力都与其所在岗位相匹配，这种柔性管理的策略正是其成功管理的精髓之所在。

这家成立于1950年的公司，始终将人才视为企业的生命线。在人才的使用上，领导层十分注重其合理性。在制定工作目标时，管理层坚持听取员工的意见，这种相对宽松的用人环境，使员工既能按照上级的指示办事，又能充分发挥自己的主观能动性，也利于他们找到与自己能力相匹配的工作职位。

在三洋公司，一旦给员工安排了新的工作任务，管理人员就会迅速跟进，鼓励下属发表自己的意见，询问对方是否能够接受这项任务，与自身的工作能力是否匹配，是否存在什么难以解决的困难或问题等。这种管理模式能够充分保证每个员工都能找到适合自己的工作，能力与职务匹配了，工作效率自然也就得到了保障。

赶鸭子上架的用人策略是行不通的，但在现实生活中，不少企业管理者对待员工往往一律都是高标准、严要求，很少会考虑他们能否胜任工作，"揠苗助长"式的用人制度正是造成企业整体效率低下的一个重要原因。所以，在给下属安排工作时，一定要将其工作能力与相应的职务匹配起来，只有两者实现成功对接，才能避免因员工能力不足而造成的效率低下，从而保证整个团队的高效运转。

给下属安排稍微高于其工作能力的工作，是一种变相的激励措施，但一定要把握好"度"，一旦难度系数超出了员工的承受范围，他们难免会因此而丧失工作信心。对员工的目标管理不能走极端，让其能力与职务相匹配才是最为明智的管理手段。

12. 根据公司的长远规划进行人才储备

战国时期，齐国有个名士叫孟尝君，他喜欢招纳各种人才做自己的门客，号称宾客三千，其中不乏鸡鸣狗盗之徒。后来，孟尝君在门客的帮助下，成功逃出大狱。其中有件事值得一提，那就是孟尝君过边关时，秦国守关有个制度是等到鸡叫时才能放行。这时孟尝君的门客中有个人善学鸡叫，他一叫四周的野鸡也跟着叫，秦国守关人员便开门放行了。

孟尝君的故事对企业管理者很有启发，那就是要进行人才储备。不过，孟尝君在储备人才时，未曾想到有朝一日会险些被秦王所杀，也未曾想到解救自己的人才中有一个人善于学鸡叫。孟尝君的人才储备是无意识的，没有长远规划的，而是全凭一腔爱才的热情。对于企业管理者来说，储备人才必须根据公司的长远发展来进行，为公司长远的发展留足有用的人才，这样才能规划公司的未来。

现在不少企业在发展的过程中，老是感觉到了关键时刻，没有关键性的人才可用，以至于企业的不少重大计划流产，或者给企业带来巨大的损失。其实，这就是因为企业没有制定人才储备战略，没有依据企业的长远规划进行人才储备。

浙江有一家知名民营科技企业，近年来取得了突飞猛进的发展。然而随着市场的迅速扩大，公司的各种资源已经被利用殆尽，市场营销、产品设计与开发、财务管理人员等关键性的部门人才严重不足。尽管企业一直重视人才储备，公司内部也是人才济济，但是在这几个关键部门上依然缺少可用之才。公司管理层仓促招聘，可是择人不佳，频频换人，严重影响了企业的发展势头。

案例中的公司会出现这样的症状，原因在于缺乏战略性的人才储备，也就是当初储备人才时，没有着眼于长远考虑，没有考虑到将来公司在哪些部门上最需要关键性的人才，所以才会导致企业壮大之后，用人捉襟见肘。这就告诉我们，一定要根据公司的长远规划，有针对性地进行人才储备。

要想为企业的长远发展储备人才，管理者可以提前制定接班人计划。企业在发展中，关键性的部门和关键性的岗位一定不能缺少接班人。因此，公司可以提前在人才库里找到接班人，有意识地去培养他们，还可以通过培训来提升他们的工作能力，使他们将来能够胜任相应职位。

企业还可以与猎头公司保持长期的良好合作，因为猎头公司在对高端人才的掌握与占有上有相当大的优势。因此，一旦企业缺少相关的人才，可以及时借助猎头公司的资源，迅速为企业找到合适的人才。

第九章
激励与批评要做到点子上，
庸才才能变干将

　　心理学家指出，每个人的潜能都是无限的，但大多数人的潜能只发挥出了很少的一部分。怎样才能让隐藏的潜能得以发挥呢？最有效的方法是激励。激励的方式有很多，表扬激励法、批评激励法、榜样激励法、薪酬激励法、赏识激励法等等。企业管理者如果能正确地运用这些激励手法，那么即使你带领的是一群庸才，你也能把他们变成干将。

1. 带队伍的过程就是不断激励员工的过程

　　每一位领导者都希望拥有一支士气高昂、凝聚力强、战斗力强的队伍。可遗憾的是，很多领导者在带队伍的过程，一味地挥鞭策马，一味地向员工提要求，催促员工更努力地工作，却忽视了员工内在的需求，忘了激励员工，这是一个非常严重的失误。

　　作为领导者，你必须明白一点：不管你管理的是大型的跨国集团，还是小型的企业，抑或是小作坊，不管你是注重企业利润，还是追求社会效益，你都不要忘了员工是人，要吃饭，要养家糊口，他们有物质需求，也有精神需求。如果你不重视他们这些方面的需求，你的团队是不可能有战斗力的。

　　其实说到底，带队伍的过程就是不断激励员工的过程，如果你把员工激励得一个个斗志昂扬，员工的工作效率就会大大提升，企业的效益也就有了保障。海尔集团十分重视用荣誉激励员工。在他们看来，荣誉是员工对企业贡献的象征，当员工获得某种荣誉时，他们的自信心会明显增强，这会使他们对工作更加充满热情，体会到自我价值所在。因此，满足员工的荣誉感，可以使他们迸发出强大的能量。

　　海尔的员工的工资也许不是行业最高的，但是他们每个人都有一种自豪感。公司会给员工颁发荣誉证书，会借助荣誉墙和企业年鉴来激励员工。通过记录员工的辉煌成绩，将员工为企业的贡献载入海尔的发展史册，可以很好地激励员工的积极性。

海尔还重视以员工的名字来命名某项事物。这种做法在科学界由来已久，是对贡献者最好的纪念，比如诺贝尔奖。同样，在企业中，为了纪念员工在某方面做出的贡献，用员工的名字来命名某项事物，对员工也会产生良好的激励效果。

除了情感激励和荣誉激励，在日常的管理中，领导者最常用、最简单有效的激励方式恐怕非表扬莫属了。当员工表现出色时，及时给他口头上的赞扬，而不是等到年末总结时再表扬，这样可以保护员工的积极性。优秀的领导者都有一双善于发现的眼睛，员工有任何出色的表现，他们都会及时发现和表扬。

也许有人要问了："有什么好表扬的，到底要表扬员工什么？"其实，员工身上值得表扬的未必一定是惊天动地的大事，况且员工干着平凡的工作，也很难有惊天动地的表现。因此，表扬员工要针对一些细微之处，比如，员工主动把地上的废纸捡起来扔进垃圾桶，这个行为就值得表扬；公司的清洁工把地打扫得很干净，这也值得表扬。

除了情感激励、荣誉激励、表扬激励之外，企业还必须拿出实实在在的物质奖励，用于激励员工。在薪酬、奖励方面，最大限度地满足员工的需求，才是最根本性的激励。

2. 领导者的欣赏是员工进步的最大动力

我们常说："士为知己者死，女为悦己者容。"这句话出自《战国策·赵策一》，里面有这样一个故事：

战国时期著名的四大刺客之一豫让，最初投奔过范氏和中行氏，但一直默默无闻，难以成名。后来，他跻身于智伯臣下，得到了智伯的充分信任和赏识，君臣关系十分亲密。正当他的境遇越来越好时，智伯却不幸在攻打赵襄子时被赵襄子和韩、魏合谋而杀。智伯死后，他们3家瓜分了智伯的国土。豫让虽然逃走，但考虑到智伯对他的知遇之恩，发誓要为智伯报仇，于是他决定行刺赵襄子。

豫让改名换姓，潜入赵襄子后宫，但是行刺失败，被赵襄子抓住了。在受审时，豫让坦白了刺杀赵襄子的原因。赵襄子听后十分感动，决定宽容他一次。

然而，被释放后的豫让不甘心，他伤身毁容，不修边幅，目的是不让别人认出自己，以便再次刺杀赵襄子。但第二次刺杀又以失败告终。赵襄子十分不解地问豫让："你也曾侍奉过范氏、中行氏，为什么智伯灭了他们，你不替他们报仇，反而屈节投靠智伯。而智伯死后，你却如此替他报仇？"豫让说："范氏、中行氏只把我当普通的人看待，我就用普通人的态度报答他们；智伯把我当成国士看待，所以我就用国士的态度报答他。"

最后，豫让请求赵襄子把华服脱下来，让他用剑刺下去，以示为智伯报了仇，赵襄子答应了他这个道义上的要求。豫让刺破赵襄子的华服之后，仰天大笑起来，最后他横剑自刎。

哲人詹姆士曾经说过："人类本质中最殷切的要求是渴望被肯定。"同样，美国心理学家马斯洛的需求层级理论也表明，渴望被人肯定是人类的一种高级需求，而赏识的过程正是肯定一个人的表现。豫让屡次冒着生命危险，不惜一切代价为死去的智伯报仇，原因是智伯生前十分信任和欣赏他。由此可见，欣赏可以让人产生巨大的动力，哪怕在死亡面前也毫不畏惧。

身为企业管理者，一定要认识到赏识对员工的巨大激励性。赏识是一种肯定、一种关爱，是在发现员工身上的优点之后，给予真诚的认可。没有人不喜欢被赏识，员工得到领导者的赏识之后，往往会充满自信和干劲，从而竭尽全力地为公司做贡献。善于赏识员工是领导者管理智慧的体现，领导者的赏识是员工进步的最大动力，也是员工尽职尽责为企业奉献的最大动力。

在赏识的作用下，员工的自信心与责任心被有效地激发出来。同时，赏识可以促使员工积极地挖掘自身的潜力，不断激发各种能力，最终成为高效的员工，为企业的发展贡献更大的能量。通过发现员工身上的优点，并且放大优点，可以促使员工与自己过去的表现作比较，不断超越自我和改进自我。这样一来，就不容易形成内部恶性竞争，避免产生内耗。

当一个员工在领导者的赏识下工作时，每次获得一些成就，都会因领导者的赏识而放大成就感，最后转化为一种"我要做得更好来回报领导"的动力。在这种情况下，当员工表现不佳时，他们往往会加倍地努力。

3. 别忘了，多数员工需要以"薪"换心

得人才者得天下，但得到了人才，不意味着能长久地留住人才。说到留人才，我们就不得不提一个字——钱。中国有句

俗话说"有钱能使鬼推磨"，尽管这句话有些俏皮，但它却能从某种程度上反映出钱对人们生活的重要性。所以，要想员工为企业创造效益、赚取利润，企业必须拿出真正的诚意，只有用"薪"才有可能换来员工的心。

生活需要成本，大到买房、买车、结婚、生子、赡养父母等，小到柴米油盐酱醋茶、日用生活品等，哪一样不需要钱？每个员工上班的首要目的就是赚钱，这种心理相信每个老板都能理解。如果企业无法满足员工较为合理的薪水要求，那么越是优秀的员工离开得越快。

在马斯洛需求层次理论中，物质需求处在最底层。因此，留人首先要满足员工的薪水要求，其次，才是用心留人，用企业文化留人。如果企业无法满足员工物质方面的要求，即使公司文化再优秀，公司环境再和谐，也难以留住员工们那颗迫于现实需要的心。

2011 年，从东部沿海地区到中西部地区，"用工荒"的现象愈演愈烈，许多企业陷入招工难的困境。然而，红豆集团得益于独特的文化战略和运营战略，以不变应万变，成功绕过了"用工荒"的障碍，继续保持着效益高速增长的发展势头。

红豆集团到底靠什么吸引人才、留住人才呢？对此，我们可以从红豆集团的总裁周海江常说的一句话中找到答案："要让每一位员工分享到企业发展的成果。"周海江认为，员工是企业发展的根本，只有不断提高员工的收入，员工才会充满干劲，企业才会充满活力。

2010 年，红豆集团已经两次上调员工的工资。在同年 12 月 20 日，红豆员工又收到公司"涨工资"的信息。在这一年

里，红豆集团的员工工资平均涨幅高达 49.6%，最高达到
64%。而在 2011 年春节后，红豆集团的管理层多次召开会议，
讨论如何进一步提高一线员工的待遇，激发他们的工作积极
性。随后，公司下发《关于熟练工年收入超 4 万元的规定》，
文中指出：企业生产一线熟练工（学徒工、辅助工除外）年
收入必须达到 4 万元以上。

在涨薪的同时，红豆集团还给员工股权，这是让员工分享
企业发展成果的又一举措。目前，公司有 600 多名员工拥有集
团的股权，这在全国民营企业中实属罕见，这一举措进一步激
发了员工的干劲，增强了员工的归属感。

薪水是基础，当企业给予员工的薪水能够保障员工的生活
之后，再营造归属感，双管齐下，才能收服人心。在这个案例
中，我们看到了红豆集团在赢得员工之心方面表现出的诚意。
在这种诚意的感化下，员工怎么会不卖力地工作呢？

企业最应该做的，就是想方设法地满足员工的薪水要求，
用"薪"换员工的"心"。要记住一句话：重赏之下，必有勇
夫。如果你舍不得下本钱留人才，企业就不可能有美好的
未来。

4. 决不把褒奖留到第二天

美国著名心理学家威廉·詹姆斯曾经说过："人类本性中
最深的企图之一是期望被赞美、钦佩、尊重。"作为企业管理
者，恰当地赞美员工，不仅能让他们有一个好心情，更重要的

是能够提高他们的工作积极性，所以，千万不要吝啬你的赞美，员工们有值得称赞的地方就要毫不犹豫地褒奖，也决不能把褒奖留到第二天。

从人性角度来说，有时候一句简单的赞美，也能给人带来温馨与振奋的情感体验。当我们想改变他人时，为什么不借助于赞美的力量呢？当然赞美也要讲究技巧与方法，如果褒奖下属的方式不对，往往就会好心办坏事，不仅没能起到褒奖的作用，反而会给对方留下虚伪的印象，如此一来就得不偿失了。

杰克·韦尔奇曾就任于一家大型公司，当时他的职位是一个有前途的工作小组的主管。在他的办公室里，有一部专用电话，以便直属的采购人员随时与他交流工作事务。在与这些采购人员谈话的过程中，韦尔奇从来都不吝啬对下属的赞美，哪怕他们在工作上的进步是极其微小的，他也会马上给予褒奖，而不会将这种褒奖留到第二天。

只要采购人员能让卖主降低价格，哪怕降低的幅度很小，也可以给韦尔奇打电话。对于采购人员打来的电话，韦尔奇是相当重视的，不管当时是在谈生意还是和秘书交谈，他都会停下手头的工作，亲自接电话，并毫不吝啬地对下属取得的成绩给予赞美："你真能干，居然让每吨钢铁的价格又降低了5分钱。"随后，他会坐下来写一封简单的贺信给这名采购员。

尽管韦尔奇褒奖员工的行动只是象征性的，但事实证明，这种褒奖的效果是显而易见的。采购部门的员工不仅工作热情高涨，而且体会到了自我价值实现的成就感，因此工作主动性也大为提高。

当下属汇报工作时，从内心深处是渴望得到承认与赞美的，如果管理者当时不做出任何反应，必然会令他们感到失望，即便第二天给予褒奖，也很难弥补他们精神上的失落，也很难起到鼓励对方的作用。所以，作为企业管理者，千万别把褒奖留到第二天。

5. 一个响亮的头衔会让他把工作干得更好

中国人讲究"师出有名"，正当的理由、公认的头衔会在最大限度上满足当事人被尊重的心理。领导人在安排任务的时候，不妨借用这个法则，给他们一个响亮的头衔，从而鼓舞他们努力干活。为了收到良好的效果，还要注意当着众人的面，在正式的场合公布你的决定，这样不但能起到宣传的效果，还能让接受头衔的人获得莫大的感动，激发出前所未有的工作激情。

对企业管理者来说，合理地运用虚名并不是一件坏事，反而迎合了下属"归属感""荣誉感"以及"存在感"的心理需求。人是群体性动物，需要周遭社会的接纳和认可，这种认可度越高就越能激发其自信和责任感。所以，管理者要学会给员工戴上耀眼的光环。

杰克是美国一家大型工厂的经理，最近这段时间以来，每当他上下班进出工厂大门时，总是会听到门卫的抱怨。

"经理，什么时候能涨点工资？你看，我每天要管这么多人，还有很多车辆，结果到月底才那么点薪水，实在是太低了，昨天旁边工厂的哥们还在向我炫耀他的高工资呢……"杰克几乎每天都能听到门卫的抱怨，迫于门卫准备辞职的压力，他不得不批准了该名员工的加薪要求。

本以为加薪能够让门卫停止抱怨，从此安心认真地工作。谁知道仅仅过去两个月，门卫又动起来辞职的念头。面对不尽如人意的局面，经理杰克不得不另寻办法来稳住门卫的工作情绪。

一周后，杰克给了门卫一个响亮的头衔——防卫工程师，尽管只是一个虚名，但出乎意料地激发了门卫的工作热情，其工作态度更是发生了翻天覆地的变化，从一开始的抱怨不满，到后来的一丝不苟。可见，一个不需要增加任何成本的漂亮头衔，有时候远比加薪有效。

管理者在激发下属工作积极性时，决不能只盯着"金钱"。激励的方式有很多种，单纯的物质奖励所起到的效果是不持久的，而且还会增加企业的人力成本。不管是从企业员工的心理需求而言，还是出于降低企业成本的目的，给员工一个响亮的头衔都是不错的激励方案。

无论下属的工作对整个企业是否重要，他们都希望得到足够的重视。相关数据表明，"虚名"对员工的激励作用显而易见，其效果等同于增加了10%的薪水。所以，管理者要学会恰当地使用虚名，并学会借此来提高下属的工作积极性。

6. 把握好激励员工的"生命周期"

"一家公司的好坏取决于公司的人才，而人才的能量释放多少则取决于绩效管理。"如今，越来越多的企业管理者开始

注重对员工的激励，但能够切实把握好激励的领导者却并不
多见。

美国著名市场调查研究公司的 Gartner 预测：截止到 2005
年，美国只有 40% 的企业采用了绩效管理的手段。中国经济
尽管发展快但起步晚，企业管理方面也比较欠缺，因此绝大多
数企业领导层，未能制定一个具有长期激励效果的人事制度。

随着时间的延续，原来的业务骨干渐渐成了离退休人员，
曾经的"新人"早已独当一面，如果管理者不懂得适当调整
人事制度，势必会挫伤后起之秀的工作积极性，从而导致公司
员工的断层。所以，作为一个优秀的企业领导人，一定要把握
好激励员工的"生命周期"。

国泰人寿的蔡宏图在掌控人事制度上颇有见地。随着国泰
的不断发展，他准确把握住了员工的"生命周期"，从而恰到
好处地对公司的人事制度进行了调整，这一举措为国泰人寿的
发展扫除了不少障碍。

早期，国泰人寿采用日本的人事管理模式，大家一个个排
队坐等升迁就可以了。然而随着企业的快速发展，论资排辈式
管理的缺陷便暴露了出来，最为突出的就是人员结构老龄化，
急需年轻人员加入。但论资排辈式的升迁制度限制了年轻人的
发展，因此形成了两大难：一是招聘年轻员工难；二是年轻员
工升职加薪难。

为了改变这一现状，蔡宏图大刀阔斧地进行了人事改革，
对涉及人员升迁以及奖励考评等都进行了"周期"性调整。
改革过后，人员的薪资水平和晋升全部取决于"绩效导向"，
奖金以及加薪升职的激励行为更加透明化，此举措让这些后起

之秀看到了希望，大大激发了他们的工作积极性。

　　企业要想发展，必须及时补充新鲜血液。企业管理者必须处理好人事制度的变迁和改革，一味地偏袒新员工，容易让老员工心寒；但一味纵容老员工，不给新员工加薪升职空间，则势必会打击他们的工作积极性。因此，处理好新老员工的交替工作显得异常重要。

　　不同的企业，员工的"生命周期"也会有所差异。企业管理者要善于从本行业出发，结合本公司的具体人事制度以及现存的激励机制问题，制定出有针对性的调整对策，只有这样才能真正做好公司全员的激励工作，把新老员工紧密地团结在一起，真正实现企业做大做强的目标。

7. 关于股份制、分红与年终奖

　　20 世纪 50 年代，凯尔索公司首次提出了利益捆绑的"员工股份制"。很快，这样的商业模式就风靡整个美国。很多人对此十分疑惑：员工享有股份，真的能解决公司效率的问题吗？

　　事实上，股份制是一种极为有效的保障措施。凯尔索公司首次将这个与员工分享发展成果的计划付诸实施，并成功地将公司 72% 的股权，分量分批地发给那些愿意为公司努力工作的员工。经过长达 8 年的时间，凯尔索终于完成了股权从管理层向普通职工转移的过程，这一举动在美国的企业管理界引起轩然大波，并赢得了很多人的赞扬和支持。

截至 1975 年，从民意测验专家哈特的调查数据可以发现：有超过 66% 的美国人对"员工拥有公司大部分股份"表示支持。1978 年，哈里斯的民意测验也得出了类似的结果：有 64% 的美国职员认为，如果公司能让自己分享企业发展的利润，那么自己的工作效率肯定会有所提高。

如今员工股份制已经从最初的诞生地美国，逐渐被全球各地的管理者们所借鉴运用。实事求是地说，这种制度在企业内的最大限度地给予员工最为可靠的保障，再加上具有竞争力的高工资，没有哪个员工不会充满工作干劲。

除了股份制这一科学合理的模式，分红和年终奖也成为许多中小公司竞相效仿的激励方式。20 世纪 90 年代，上海的一家纺织厂为了调动员工们的工作积极性，提高整体的工作效益，制定了一个具体的奖励办法：超额完成正常工作任务 20% 的员工将在年终获得奖金 1 万元；超额 40% 及以上则可获得奖金 2 万元；为企业做出重大贡献的员工，经过董事会集体商议，可获得 3%～10% 的原始股份；员工对所持股份有自主支配权，更可以凭此分到部分的红利。很快，该厂就摆脱了巨大的经济压力，在未来几年里迎来了发展的高峰。

古语说："天下熙熙，皆为利来；天下攘攘，皆为利往。"千百年来，商人们的形象就是"无利不起早"。老板们要赚钱，员工们也要赚钱。作为公司的经营者，一定要明白这一点：懂得通过与人分享利益来激励别人，使别人心甘情愿为其效劳、与其合作。

在中国，华为集团也是一家重视与员工利益分享的企业。多年以来，华为公司取得了非凡的成绩，都与他们注重与员工分享利益分不开。华为公司的管理者认为，随着员工为公司创造的利润增加，公司应该增加他们的报酬，并以年终奖的形式留住最核心的人才。

如果管理者只注重企业短期利润，忽视员工利益，认为10000元中企业应该净得9000元，那么，很可能有一天，企业只能得900元，因为这种奖励模式无法调动员工的积极性。华为公司的管理者正是认识到这一点，才在保证员工利益的基础上，调动了员工的积极性，最终保证了企业利润。

在任何一家公司，员工都是企业利润的真正创造者，领导纵然可以用威胁、施压的手段迫使下属服从命令，但这很容易引起下属的反抗，他们可能会消极怠工，进而降低工作效率，影响整个组织的利益。最高明的办法，就是引入股份制、分红和年终奖的利益驱动机制，通过与员工分享利益，让员工心甘情愿地加班、奋斗，为企业创造更多的利润。

8. 激励员工的五项原则

假如一个企业人心涣散，其发展必不会长久。对此，作为老板往往负有一定的责任。他们往往认为：人才之所以流失、人心之所以不齐的重要原因是技术落后、发展不利。其实，问题的根源在于激励不当，或者激励缺失。

有人这样评价沃尔玛强大的向心力："沃尔玛公司的迅速崛起，主要取决于沃尔玛内部的团结与和睦。沃尔玛的员工聚在一起，就像喷发的火山一样，气势非常凶猛。"毋庸置疑，有效的激励是保证员工工作热情和工作态度的核心要素。那么作为企业的老板，又该如何激励自己的员工、增强团队向心力呢？归纳起来，大致有以下五项原则：

第一，营造归属感，收服人心。毫无疑问，任何时候薪水都是员工奋斗的基础，在满足员工薪水要求、保障员工基本生活的同时，在公司内部积极地为员工营造一种归属感，让他们感受到集体的温暖。在如此有诚意的感化下，员工又怎么会不卖力地工作呢？

有很多企业，薪酬与同类型企业相比并不具有竞争力。但是较高的薪酬仅仅只是企业留住人才的必要条件之一，愉快的工作氛围、强烈的归属感，才是让员工紧紧围绕在企业周围的真正原因。一旦员工缺乏职业愿景，没有长远的职业规划，而且没有把心思和精力用在工作上，表现出懒散、敷衍了事的不良习气，就说明企业内部的问题已经很严重了。

第二，通过内部联欢、轻松对话的方式，增强员工的认同感。一个优秀的企业往往能营造出一种健康的人文环境，在员工和企业之间建立起一种互动相依的关系。员工们只有对企业产生认同感和归属感，才能对企业和生产工作担负起一定的责任。而当个人利益与企业利益相冲突时，他们才能顾全大局，坚定不移地和企业站在同一条战壕里。

第三，福利到位，解决员工的后顾之忧。影响人才流动的因素有很多，生活保障是最为重要的因素之一。住房、医疗、子女教育方面的保障，不仅能使员工感受到企业给予的温暖，还能增强员工对企业的依赖性。可见，仅仅提高员工对福利待遇的满意度还不够，还要保证福利分配的公正性、合理性和激励性。

第四，注重企业文化建设，让员工与企业同呼吸。作为老板，如果能够从"以人为本"的角度出发进行管理，又怎么会失信于员工呢？只有发自内心地尊重、信任和关心每个员工，才能让员工们更有责任感、主动地做好本职工作。首先，可以为员工提供一个发表意见、交流心声的园地。例如办一个内刊，或是多开交流会议，让领导和员工共聚一堂，总结过去的经验，规划未来的发展。最好让所有的员工都能参加，让他们将自己真实的想法坦诚地表达出来，使老板能真实地把握员工的心理动向，从而寻找管理上的差距，加强对员工的人性化管理。

第五，升职激励，给员工提供广阔的个人发展空间。许多员工都希望能有一个充分施展自己才能的机会，让他们发挥自己的主动性和创造性，获得老板和同事的认可。如果公司愿意给员工搭梯子，在适当的时候提升他们的职位，使员工的个人能力和素质随着公司的发展而成长，那么公司与员工的相互认同感就会越来越强。

9. 没有什么比批评更能泯灭一个人的雄心

俗话说："新官上任三把火。"在现实生活中，不少管理者把批评下属当做自己立威的重要手段。殊不知，没有什么比批评更能泯灭一个人的雄心，在你立威的同时，下属的工作热情也遭到了毁灭性打击。

　　培训员工是企业的重要工作之一，作为管理者，能否把"兵"练好直接关系着整个团队的未来发展。要想赢得部下的认同与拥戴，就必须严格要求。对于个别的落后者，该批评时，就要毫不留情地批评，但批评时也要讲究一定的方法。往往这个时候，被训者难免垂头丧气、灰心绝望，所以领导者要给予适当的鼓励，学会"打完巴掌揉三揉"。

　　凯瑟琳是一家大型跨国企业的部门经理，她对员工的要求向来严格，对她奉行的铁血惩戒措施，大家私下里意见颇多，但碍于上下级之间的关系，也不好说破。

　　由于公司业务十分繁忙，凯瑟琳所在部门的工作量比平时增加了近一倍，因此她专门召开动员会，要求大家提起精气神努力工作。谁知道，刚开完会的第二天，竟然就有人迟到，而且是迟了整整半天，对此，凯瑟琳感到十分气愤。

　　办公室里，凯瑟琳不问青红皂白一顿训斥，迟到的员工自知理亏，虽然低着头一言不发，但心里却有苦衷。他本想着早点到公司，把堆在手头的工作都搞定，谁知道火急火燎地出了门，车却坏在了半路。他好不容易找人帮忙，把车拖到最近的维修站，匆匆忙忙来了公司，结果还没来得及工作，便遇到了如此严厉的批评。

　　凯瑟琳的批评，严重挫伤了这位员工的工作积极性。当他无精打采地回到自己的办公桌前时，已经根本无心工作了，领导大吼大叫的震怒表情以及失望的眼神都令他难受万分，在这种消极思想的影响下，这位下属的工作效率也越来越差。

　　当员工犯错误时，大多数管理者都会无意识地把员工当成出气筒，大声责骂员工，甚至小题大做、严厉批评。殊不知，这种不冷静的举动，往往会泯灭一个人在事业上的雄心。

为了避免这种情况的发生，作为管理者，一是要把握好批评的尺度；二是要找到合适的批评时机。此外，批评的目的是为了帮助员工改正错误，而并非发泄不满，所以一定要考虑对方能否接受，只有令下属愿意接受的批评，才是适宜的批评。

10. 惩罚不是目的，打完巴掌，甜枣要跟上

俗话说："扇一个巴掌给两颗枣。"当你对人家"扇巴掌"之后，肯定会给人造成疼痛和伤痕，这时你应该学会亡羊补牢，给他两颗甜枣，弥补一下他内心的伤痛，抚慰他受伤的心灵。

"扇一个巴掌给两颗枣"只是一个形象化的比喻，说的是在企业中，领导者批评、责备下属之后，有必要放下身段"哄哄"下属，给他一点安慰，让他感受到你的仁慈和大度，从而促使他虚心、诚恳地改正错误。这样就能产生事半功倍的管理效果。

后藤清一年轻时曾担任三洋机电公司的副董事长，后来他进入松下电器任职。有一次，他犯了一个错误惹恼了松下幸之助，松下幸之助把他叫到办公室，对着他气急败坏地大发雷霆，把后藤清一骂得狗血碰头，还拿着一只火钳死命往桌子上拍击。

松下幸之助发泄完之后，后藤清一准备离去，忽然听见松

下幸之助说："等等，刚才我太生气了，不小心将这火钳弄弯了，麻烦你帮我弄直好吗？"后藤清一非常无奈，只好拿着火钳拼命地敲打，在这个敲打的过程中，他的心情也渐渐归于平静。当他把敲直的火钳交给松下幸之助时，松下幸之助说："嗯，真不错，比原来的还好，你真不错。"

后藤清一走出松下幸之助的办公室后，松下悄悄给后藤清一的老婆打了一通电话："今天你先生回家，脸色一定很难看，请你好好照顾他。"后藤清一挨了松下幸之助一顿臭骂之后，原本打算辞职不干了，但当他得知松下幸之助的做法后，反而对松下幸之助产生了佩服和敬意，于是决心继续工作，而且要干得更好。

批评、责骂下属之后，用题外话来称赞下属，又通过其他方式关心下属，这种"打一个巴掌给两颗甜枣"的做法，是松下幸之助管理中的高明之处。他认为，在管理上要宽严得体十分重要。在原则和条规面前，应该寸步不让，严格对待。比如，员工违反了公司条规，领导者就应该严惩不贷、决不姑息。

但是，在痛斥下属之后，有必要及时补充一句安慰或鼓励的话。因为人在遭受斥责之后，很容易垂头丧气，甚至对自己失去信心，心中难免会想：我在领导心目中没有好印象了，我在这家公司没有希望获得晋升了。这样一来，就可能造成员工自暴自弃，甚至产生辞职的念头。

所以，高明的管理者懂得在批评员工之后，及时用一两句温馨的话语安慰员工，或者在事后向下属表示：我是重视你、看你有前途，觉得你是可造之才，才会骂你。被斥责的下属听

了这样的话，必然会深深体会到领导"爱之深，责之切"的
心理，从而更加发愤图强。

11. "千里马"不能用重鞭，冷落也要有个度

借助"冷暴力"来惩戒犯错的员工，不可否认，能起到督
促对方反省的作用，但凡事都要有个"度"。如果失了分寸，很
可能会造成人才流失。越是"千里马"，越是不能用重鞭，一般
来说，优秀人才的自尊心更强，他们忍受不了领导的疏远和同
事们的冷言冷语，所以给个教训即可，切不可冷落过头。

在公司内部，管理者往往拥有至高无上的人事任免权。只
要是他们赏识的下属，便能直接提拔到重要岗位，但很少有人
会这样做。实际上，越是优秀的人才，越是需要磨炼，如果直
接把他们放到重要岗位，反而不利于他们的成长与发展。

对于赏识的下属，管理者要权衡利弊，并针对其具体情况
制定出适当的磨炼期。短则难以磨成器，长则会让对方失了
耐心。

小丁是一家公司的人事主管，为了从众多员工中选出一位
高层管理人员，他可是费了不少心思。经过一段时间的观察，
他发现有一个员工很有潜质，于是，他就把这位员工分配到了
销售科，让他用出色的销售业绩证明自己。很快，该员工就凭
借惊人的业绩升任销售科长。在管理职位上，这位员工依然出
色，不仅让销售额逐月上升，在下属和领导眼中更是有口皆
碑，但令人不解的是，在没犯任何错误的情况下，小丁却把他

借调到了无关紧要的仓储部门。

没人知道这位年轻的销售科长为什么会被冷落，连他自己也是一头雾水，尽管失落，但他还是任劳任怨，坚持做好本职工作。时间一天一天地过去了，但却见不到一点起色。这时恰逢一家大型企业招聘销售经理，抱着试试看的心态，他投了简历，谁知对方董事长竟然亲自打电话表示欢迎他加入。

递交辞职材料的那一刻，小丁直言这长达一年的冷落是为了锻炼对方，以便能够胜任更为重要的管理工作。但对方离心已定，尽管小丁表示可以立即给对方调换岗位，但还是没能留住这位优秀员工。

暂时的冷落可以考察下属的德行和韧性，但这种冷落一旦过了度，就会演变成不可挽回的悲剧。著名诗人歌德曾经说过，"只有两条路可以通往远大的目标，得以完成伟大的事业，即力量与坚忍。"但人的坚忍是有限度的，即便是意志坚定的人，也无法接受长时间的冷落。

不在沉默中灭亡，就在沉默中爆发，事实证明，过度冷落只会让那些优秀人才破釜沉舟，义无反顾地选择辞职。所以，管理者在考量优秀人才时，一定要把握好"度"，切不可因为过度冷落伤害他们的工作热情。

12. 递进式处罚比一棒子打死更有效

作为企业负责人，训斥员工在所难免，但并不是所有员工都需要批评，有时候委婉地提醒比"一棒子打死"更能让员工意识到自己的错误。不少管理者一看到下属犯错，便不分青红皂白地一顿批评，殊不知这种"快刀斩乱麻"的做法，对员工而言并不合适。

批评或处罚员工的目的，在于督促其改正错误。管理者在处罚员工时，一定要考虑到员工能接受多少。你在下属面前义愤填膺，但并不见得能说到他们心里去，盲目的批评和处罚，只会把员工推向你的对立面，所以不妨试着把"处罚单"改成"改进单"。

人非圣贤，孰能无过？即便是管理者自己也会犯错。既然损失已经造成，火发的再大，批评再严厉，又有什么用呢？

后滕清一算得上是松下幸之助的左膀右臂，他曾经担任过一家工厂的厂长，在他任职期间，工厂不幸失火烧掉了。面对如此重大的事故，后滕清一非常惶恐，以为自己不被革职也要降级。谁知松下幸之助接到报告后并没有对他做出严厉处罚，只是淡淡地对他说了4个字："好好干吧！"

松下幸之助之所以这样做，并不是姑息部下犯错，换作以往，即使是打电话的方式不当，松下幸之助也会对其严厉斥责，严格要求下属是松下幸之助的一贯作风。然而这次火灾发生后，松下幸之助却没有做任何处罚，对此，后滕清一心里充满了愧疚，所以对松下幸之助越发忠心，并以自己加倍的工作来回报上司的信任与宽容。

递进式惩罚远远比一棒子打死更有效，事实上，越是有过错的人，越需要一个重新证明自己的机会。这时，如果管理者的处罚过重，只会令他们沮丧。反之，如果能给他们一个改正错误的机会，他们一定会比以往更加积极。

　　下属如果捅了篓子，先不要忙着训斥，不妨给他一个"戴罪立功"的机会。事实证明，这种步步推后的处罚方式，比疾风暴雨式的批评更能激发员工们的动力。更重要的是，管理者对待下属的宽容态度，反而能令他们心生感激，更加衷心地为企业工作。

第十章
管人是管理之本，
管心是管人之本

　　没有沟通就没有管理，美国通用电
气公司前首席执行官杰克·韦尔奇说过：
"管理就是沟通、沟通、再沟通"。对于
管理者来说，有了沟通，工作才能交代
清楚，才能有效地把握下属执行的状况；
对下属来说，有了沟通，下属才能明白
领导者的意图，才知道执行的方向、要
达到的效果。尤其是在出现重大问题时，
唯有沟通才能保证信息的上传下达。所
以，管理者要重视沟通，用心沟通。

1. 管理之道，在于把握员工的心声

员工在公司工作，他们除了每天朝九晚五、每周 5 天地上班下班之外，内心会有什么想法呢，他们对公司满意吗，他们对公司还有哪些期盼，他们对公司的管理有什么意见和建议？对此，作为管理者，只有主动去了解，你才能把握员工的思想动态和心声，才能有的放矢地管理企业。在这方面，沃尔玛集团的创始人萨姆·沃尔顿做得十分到位。

"你在想些什么？""你最关心什么？"这是萨姆·沃尔顿在视察分店时经常向员工提到的问题。在视察的过程中，沃尔顿经常与基层员工沟通，通过聊天了解他们的需要和困难，以此把握员工的心声。

据一位沃尔玛公司的职员回忆："我们盼望董事长来商店参观时的感觉，就像等待一位伟大的运动员、电影明星或政府首脑一样。但他一走进商店，我们原先那种敬畏的心情立即就被一种亲密感受所取代。他以自己的平易近人把笼罩在他身上的那种传奇和神秘色彩一扫而光。参观结束后，商店里的每一个人都清楚，他对我们所做的贡献怀有感激之情，不管那些贡献是多么微不足道。我们都似乎感到了自身的重要性。这几乎就像老朋友来看我们一样。"

萨姆·沃尔顿曾在一篇文章中写过这样一句话："我们都是人，都有不同的长处和短处。因此，真诚的帮助加上很大程度的理解和交流，一定会帮助我们取得胜利。老板必须总是把

员工放在他们自己的前面。如果你能做到这一点，你的事业将会一帆风顺。"

俗话说："人生不如意事十之八九。"员工除了在工作上会遇到困难之外，在生活上是否有苦恼呢？作为管理者，一定要认识到：员工发牢骚、吐苦水是很常见的事情，不要以为员工表达不满，就表示对公司甚至对你个人有成见，是不爱公司的表现。

恰恰相反，员工爱公司、把公司当家，才会抱怨公司的不足，才愿意指出公司的弊病，他们这样做是让领导者重视这些问题，想办法改变不良的现状。通过员工的抱怨、不满、意见或建议，你还可以意识到其他人可能也有这样的感受。如此一来，你就能很好地把握员工们的心声，这对管理企业、带领团队是十分有益的。

可见，管理者不能对员工的抱怨充耳不闻，对员工的意见和建议置之不理，更不能对这类员工产生偏见。而应该像萨姆·沃尔顿那样，主动放低姿态走近员工，与员工心贴心地沟通，了解他们的所思所想，了解他们的需求和困难，这样才能体现企业对员工们的人性化关怀，使员工感受到被尊重、被重视，从而激发员工的工作积极性。

2. 跟员工沟通：多用建议，少用命令

在企业日常管理中，领导者与员工沟通是最常见的管理行为。同样的沟通，语气不同，沟通的效果也别有洞天。

　　不要以为自己是领导者，就表现得高高在上、颐指气使，就用强硬的命令压制你的员工。要知道每个员工都有自尊，他们希望被领导者平等相待。如果你忽视员工的这层心理，采用命令的口气与他们沟通，要求他们去做事，他们最多只是把事情做完。但如果你采用商量的口气、建议的口吻与下属沟通，下属往往会把事情做好。

　　"做完"和"做好"有一字之差，执行效果也许相差甚远，做完只是基本的完成，充其量是合格。做好则是做到位、做圆满，让你无可挑剔，可以称得上是"优质"。试问，你希望下属给你怎样的执行效果呢？

　　人是情感动物，而不是机器，人会有情绪、有感受、有自尊心，而机器没有。当你向机器下达命令时，你要做的就是用力地按下某个按钮，而当你向员工下达命令时，如果你语气"重"了，就容易使员工感受到压迫感，他们会本能地抗拒。如果你轻声一点，多一点协商、多一点建议，他们就会舒服地接受命令，做到你想要的效果。

　　美国管理专家帕特里克·兰西奥尼曾说过："企业中无穷无尽的管理危机，往往并不是表面上的战略失误、营销不利、竞争威胁、技术开发上的不智决策等等所致，而是管理者犯了一些基本的但是又没有引起正视的错误，才导致危机的爆发。"其实，命令性的口吻和语气就是一个基本的但是又没有被引起正视的错误，它是造成管理危机的一个导火索。

　　这是发生在某大型企业的一件事：

　　一天，总裁先生回办公室取东西，走到门口时突然意识到自己没有带钥匙。这个时候，他的秘书早已下班。他给秘书打电话，但是秘书没有及时接听。他感到非常气愤，于是不停地拨打对方的电话，终于，秘书接听电话了。

在电话中，总裁带着满腔的怒火斥责对方，并命令道："你给我马上来公司，我在这里等你开门。"面对总裁的要求，秘书当即反驳道："我凭什么去公司？我已经下班了，我不再受你的指使，你没有资格对我吼叫……"第二天，秘书来到公司人事部，要求办理离职手续。

日本松下电器公司的创始人松下幸之助曾表示："不论是企业还是团体的领导者，要使属下高高兴兴，自动自发地做事，我认为最重要的，是要在用人和被用人之间建立双向的，也就是精神与精神、心与心的契合和沟通。"在他看来，精神与精神、心与心的平等沟通十分重要，要做到这一点，最好就是用建议和商量的口吻和下属沟通。

3. 员工的"真话"不一定是真知灼见，但一定是肺腑之言

通常，下属对上司会有一定程度的顾虑，这种顾虑通常使他在上司面前不敢说出自己的心里话。作为企业的领导，如果不能了解下属的真正需要，那么，即使为此做了不少努力，也往往很难达到沟通的效果。所以，领导一定要善于了解下属心中真正的想法。

不少管理者都知道了解下属心理活动很重要，但在现实的经营管理中，很多管理者却总是有意或者无意地强迫、威胁甚

至恐吓下属。员工的"真话"不一定是真知灼见，但一定是肺腑之言，多听听他们的声音，对于企业决策是有好处的。

微软公司的总裁比尔·盖茨，就是一位擅长倾听员工"真话"的领导者。1995 年，他对外宣布不涉足 Internet 领域的产品，对此，公司很多员工提出了反对意见。有几名老员工还特意写信给比尔·盖茨，告诉他这是一个错误的决定。

比尔·盖茨看了这几封信，发现联名写信的人当中有不少值得尊敬的老员工。为此，他特意抽出时间和这些老员工见了面，并写出了《互联网浪潮》这篇文章。在这篇文章里，比尔·盖茨十分坦诚的承认了自己的过错，并适时地扭转了公司发展方向。与此同时，他把许多优秀员工都调到 Internet 部门，还取消或削减了许多其他产品，一次性把资源调入 Internet 部门。那些在信里批评比尔·盖茨的人不但没有受处分，反而得到了重用，如今，这些人早已经成了公司相关重要部门的领导。

微软的员工站出来说真话，并不是因为他们勇敢，而是他们知道：自己说真话，只是不想受到任何伤害。在大多数的情况下，企业的工人们不愿开诚布公地发表自己的真实想法，也是因为他们不想自己受到伤害。

在现实情况中，不少管理者都热衷于把员工的嘴巴"缝起来"，这又是为什么呢？通常来说，管理者为了维护自己的威信和权威，很害怕出现反对的声音，为了消除这种恐惧，他们选择让员工闭嘴。实际上，这并不是明智之举。员工说的真话，对企业的发展也是有好处的，所以作为领导，应该让员工们保留自己的意见和真实想法。

企业层级式的阶梯人员构成，往往会挤压员工说真话的空间，所以，领导者要有意识地创造让大家自由发言的环境。因为那些敢于说真话的人，才是真心关心公司前途的人，重用他们才能让企业朝着更好的方向发展。

4. 拆掉上下级之间的"隔离墙"

很多公司的领导办公室与员工办公室都不在一个空间里，他们之间隔着一道墙。领导有事找员工就会喊员工过去，员工有事找领导就会去敲门，碰到领导不在公司，他们就打电话给领导。

其实这没有什么好奇怪的，因为全世界的90%的公司都是这样的格局。但领导与员工之间隔着一道墙并不可怕，可怕的是领导与员工之间因为有了这道墙，而导致心灵上有了隔阂。一旦心灵上有了隔阂，那么上下级之间的沟通就会受阻，这对企业的发展来说是最致命的阻碍因素之一。

要知道，这道墙指的是一种等级、一种不平等。美国戴尔公司的董事长迈克尔·戴尔认为，公司等级制度的存在不仅代表工作效率低下，也预示着信息流通的阻塞。因为一层又一层的许可、命令及控制会耗费时间和过滤信息。因此，他在戴尔公司推行开放的企业文化，要求大家尽可能采取直接的渠道获取信息，比如电子邮件、当面沟通。为此，他还创造了一个开放式的办公室。

什么是开放式的办公室呢？其实很好理解，即领导者与员工都在一个大的办公区域里办公，他们之间没有厚厚的墙的阻隔，只有一道道小小的隔栏。这种办公环境有利于大家之间的沟通更顺畅、更高效。

走进北京某集团公司的办公区，你会发现里面非常空旷。总经理办公室、副总经理办公室、行政部办公室、财务部办公室、市场部办公室、采购部办公室等都在一个大厅内。办公桌之间，只有一道半透明的玻璃隔栏。但从办公条件上来看，领导和下属是平等的。在这里，没有等级、没有一道道自上而下的官僚主义。员工有问题要沟通，可以及时走到他想沟通的对象旁边，与他交流问题、探讨工作。

该集团公司的总经理表示，以前公司三五个人一个办公室，上班的时候，大家关起门来聊家长里短，谈鸡毛蒜皮的琐事，工作效率受到了不小的影响。最为关键的是大家关起门来，领导有事与员工商量，喊几次都听不见，严重影响了沟通效率。当然，最严重的还不是这些，而是员工有事找领导，推开领导办公室的门时，会有一种压力感，那道门仿佛在提醒员工：你与领导的地位是不平等的，在这个公司，你只要听命令、执行命令，而不需要废话太多。

自从采用敞开式的办公室，公司在办公硬件上营造了一个平等、透明的环境，也借此向员工传达一个信息：在公司里，人人平等，有什么想法可以和领导交流。而且这样还有效地遏制了员工上班时间聊天、干私活的现象。在这种办公环境中，大家相互赶超，团结协作，大大提高了工作效率。

很多世界著名的公司都拆掉了上下级之间的隔离墙，采用敞开式的办公环境。比如著名的英特尔公司、松下公司。

敞开式的办公环境体现了平等、尊重、民主的企业文化，员工在这种环境下办公能感受到公司的尊重，这为他们平等沟通打下了良好的基础，也为管理者更好地了解员工的想法提供了便利。

5. 让员工敢说话、说真话

世界首富比尔·盖茨十分重视员工的意见或提案，他曾经说过："如果人人都能提出建议，就说明人人都在关心公司，公司才会有前途。"他鼓励员工们畅所欲言，对公司在发展中存在的问题，甚至上司的缺点，直言不讳地提出批评或建议。然而，并非管理者希望员工提意见，员工就会踊跃的提意见。

柯先生是一件民营企业的老总，他说别人经常为员工"不听话"发愁，他则为员工"太听话"发愁。每次工作会议上讨论新议题时，总是鸦雀无声，讨论会变成他一个人的演讲会。平时无论是员工向他汇报工作，还是部门经理向他汇报工作，几乎听不到建议。为此公司还吃过苦头，有一段时间，公司财务管理有漏洞，各分公司经理私设"小金库"，公司总部入不敷出，幸亏一位客户提醒他，他才及时发现问题。他很不明白，为什么公司没有人敢站出来说真话呢？

柯先生能够因听不到员工意见和建议而发愁，证明他还是希望多听大家意见的。只是他没有找出为什么员工不发表意见的原因，因此，苦于解决不了"员工不提意见"的问题。

　　社会心理学家斯坦奈认为，要想让员工敢说话、说真话，管理者应该创造一种坦诚沟通的气氛。为此，管理者应该切忌"先入为主"，不要在员工还未发表意见时，你就提出自己的观点或表达自己的观点倾向，以免影响员工的思路，使员工不知不觉迎合管理者的意图。管理者还应避免在讨论中自觉或不自觉地"暗示""授意"，给员工造成心理压力，使一些本想提出反对意见的员工不敢发出反对的声音。

6. 倾听，是凝聚人心的第一步

　　如果员工只有干活的义务，而没有说话的权利，那么企业的管理是不可能搞好的。只有广开言路才能凝聚人心，避免偏听偏信和个人独裁造成的决策失误。上帝给人两只耳朵一张嘴，为的就是让我们多听少说。越是优秀的管理者，往往越善于倾听下属的心声，这正是他们凝聚人心的法宝。

　　给员工发言的权利和机会，不仅能肯定对方的价值，还能充分调动起他们的工作积极性，反之，不管什么决策都是领导拍板，毫无悬念地"一致通过"，反而会让员工感到不受重视，工作积极性和能动性也会大受影响。所以，作为管理者，我们不妨适当地创造一些条件，给员工开辟一些专门的发言渠道，鼓励大家把心中的想法充分地表达出来。

　　琳达是英国一家销售公司的总经理，在下属们眼中，她是一个深受大家拥戴的领导，这得益于她善于"倾听"的工作主旨。为了做好"倾听"工作，她做了数不胜数的准备工作，给新来的员工主动介绍自己，在休息时间热情积极地与下属们畅谈爱好以及特长等，一旦打开了他们的话匣子，她便马上做回"倾听者"的角色。这种做法让她得到了大家的信任。

这天，琳达收到了一位地区销售主管的辞职申请，这令她十分震惊，因为这位主管的业绩一向靠前，是名副其实的销售精英，工作干得好好的，为什么会辞职呢？凯文并没有批准他的辞职申请，而是在下午茶时间邀请对方一起喝咖啡。

在谈到离职原因时，对方一下子激动起来了，他愤慨地指出同事之间的钩心斗角，并讲述了自己被人"穿小鞋"的遭遇，还有那些烦人的客户，尽管业绩不错，但他一分钟也忍受不了。琳达并没有多说什么，只是时不时地附和一下，她多半时间都在认真地倾听。等对方终于发泄完了，她关切地说道："你真是受了不少委屈，现在都说出来了，好点了吗？"对方点了点头，随即琳达笑着拍了拍他的肩膀，然后说道，"明天继续来上班吧！我看好你。"

正是因为琳达善于倾听，对方才选择留下来。试想，如果她听不进下属的抱怨和发泄，只是站在管理者的角度一再对下属进行说教，那么，结果又会如何呢？企业领导者要想凝聚人心，就必须学会倾听。

一个明智的管理者，不仅会关心员工的工作状况，还会关注其个人生活。个人生活的好坏，对一个人的工作状态往往有着不可估量的影响。所以，不仅要善于倾听下属工作方面的牢骚和意见，还要关心他们的家庭生活，并乐于分享他们的快乐和忧愁。只有这样，才能走进下属的心中，成为他们甘心追随的好领导。

7. 处处设防，会损害人才的积极性

领导对下属处处设防，就别怪下属时时猜忌。因为，即使你掩饰得再好，时间一长大家也会感受到你的防备之心，必然无法安心工作，从而降低组织运营的效率。尽管领导设防无可厚非，甚至是出于工作的需要，但是按照投桃报李的法则，必然会在情感上让员工受到伤害。

比如，每个企业都有自己的商业机密，对于这些关系企业生死存亡的信息，经营者一般都是能藏多深藏多深，甚至连自己的亲人也会守口如瓶。殊不知，这种严防死守的管理态度会在无意之中损害了人才的积极性。

越是优秀的人才，自尊心越强。如果处处对他们设防，难免会让他们多想。如此一来，工作积极性也会大受影响，不仅不利于人员的管理工作，对企业的发展更是莫大的阻力。所以，管理者一定要敢于相信下属。

松下电器一经面世，便以物美价廉赢得了市场消费者的热烈追捧。其产品之所以具有强劲的竞争力，关键在于技术上的创新。连发明者都把该技术视为珍宝，对自己的亲友守口如瓶，松下的最高领导松下幸之助却对如此关键性的技术一点也没有藏着掖着。

出于对公司人才的重视，松下幸之助毫无保留地将技术机密贡献出来，供企业骨干以及有培养前途的部下学习研究，并对他们寄予厚望。当时不少人提出严肃告诫：如此关键的技

术，一旦被泄露出去，难道不怕砸了自家的饭碗吗？面对他人的告诫，松下幸之助满不在乎地答道："如果对部下处处设防，才会损害公司的发展。"

事实证明，这种消除员工戒备心的做法是十分明智的，此举不仅让松下幸之助赢得了部下的信任与拥戴，还很好地激发了他们的工作积极性。增加信任也是约束下属的一种方法，彼此的信任增加了，矛盾才能减少，才能更加紧密地团结在一起，把共同的事业推向成功的高潮。

上级对下级严防死守的同时，下级对上级也会充满猜忌，怀疑上司不信任自己，不放心把重要工作交给自己，久而久之就会对领导失去信心，甚至萌生辞职的想法。像防贼一样防下属是一种极其愚蠢的做法，信任是相互的，管理者唯有主动敞开心扉，才能在上下级之间建立起相互信赖的友好关系。

当然，除了对公司商业机密的保护，领导者还会在制度、人事等方面做出各种安排，比如防备员工接受培训后离职，防备核心骨干带走人才，等等。无论哪种情况，对那些准备全身心投入公司事业发展的员工来说，都是一种莫名的伤害。防人之心不可无，对领导来说更是天经地义，但是高明的管理者会考虑员工的感受，懂得照顾他们的接受程度，从而在组织各项事务安排中做出更合理、人性化的设计。这才是有效管人的关键。总之，一个明智的管理者，懂得什么时候设防，什么时候信任对方；明白该对什么人设防，对什么人放下防备。唯有合理使用防备与信任手段，才能做到既不损害人才积极性，又能保护好组织的利益。

8. "沟"而不"通"，是因为你不懂沟通

蒙牛集团的创始人牛根生曾经说过："企业80%的矛盾和误会都来自于沟通不畅。一家企业的发展20%靠战略，80%靠执行，执行的80%在于充分的沟通，而企业80%的矛盾和误会也基本都来自于沟通不畅。"

看看有些管理者，在向员工下达工作任务时，说了半天也说不到重点，布置下去的工作，下属也不能执行出预期的效果。之所以会出现这种问题，与管理者不善于沟通有很大的关系。由于不善于沟通，导致沟通效果不佳，继而影响员工落实工作，最后导致工作一团糟。在这个过程中，沟通环节出了问题是罪魁祸首，难怪有人说："沟通的成本是企业最大的成本。"

那么，怎样才能保证沟通的效果呢？其实，最重要的一点就是开诚布公，与员工彼此坦诚自己的观点，知无不言，说出自己的想法，交换彼此的意见，使双方明确对方的真实意思，从而很好地避免误解。反之，员工如果不敢提出不同意见，不好意思与上司辩论，沟通的时候就会唯唯诺诺、遮遮掩掩、言不由衷，这样管理者就不明白员工的真实想法，就很容易造成沟通不畅。

在微软公司，有一种很好的沟通方式，叫开放式交流，它要求所有员工在任何场合都能敞开心扉，完整地表达自己的观点。在微软开会时，如果大家意见不统一，一定要表达出来，

否则，公司可能会错失最有价值的信息，错失抓住机遇的良机。

微软微软公司的总裁史蒂夫·鲍尔默提出，要把这种开放式的交流文化改进成"开放并且互相尊重"的文化。这要求员工在互相交流中充分尊重对方，不要恶语伤人，即使不同意对方的意见，也要用建设性的语言提出自己的观点。

管理者一定要明白，沟通不是单方面地向下属传达命令，而是双向的思想交流。如果在沟通中，你滔滔不绝地表达，员工却没有反馈，那么这种沟通方式是有问题的。你一定要及时让员工做出反馈，这样可以检验员工是否听懂了你的意思。你也要认真地倾听员工的发言，在倾听的过程中，适时地表达赞许，恰当的面部表情和肢体语言，都能给员工传达肯定和鼓励，使得沟通更加顺利地进行。

9. 敞开胸襟倾听下属的提议

所谓："智者千虑，必有一失。"经验再丰富、能力再出众的管理者，也不可能了解方方面面的信息，考虑到方方面面的事情，做出周全的决策。因此，当下属对你的决策提出异议时，你应该敞开胸怀耐心地倾听，不要急着否定员工的意见，先听他怎么说，再想一想他说的是否有道理，然后再决定是否采纳下属的意见。

通用公司汽车公司的前总裁艾尔弗雷德·斯隆，在通用汽车公司的 33 年管理生涯中，他将通用在美国汽车市场的占有率从 12% 提高到 56%。他做决策有一个习惯——从不靠直觉做决策，而是强调用事实来检验自己的看法。他认为，正确的决策必须建立在对各种不同意见进行充分论证的基础之上，因此，如果他听不到不同的意见，他就不会做决定。

有一次，公司召开高级管理委员会会议，讨论公司的一项决策，斯隆在会议上说："各位先生，据我所知，大家对这项决策的想法完全一致。"与会者纷纷点头，大家的脸上露出了欢喜，以为这个决策可以通过。但是斯隆却说，"但是，我建议在下次会议上，大家来进一步讨论这项决策。在这期间，我们可以充分考虑一下不同的意见，只有这样才能帮助我们加深对此决策的理解。"

斯隆是一位善于听取下属意见的领导，当下属没有不同意见时，他反而显得十分不安。因此，他要求大家下一次再次讨论"一致同意"的决策。也许这种做法过于谨慎，但它至少表明：斯隆尊重每个下属的意见，重视倾听不同的意见，这种敞开胸怀纳言的做法值得每一位管理者学习。

在我们身边，有些管理者并不像斯隆那样，他们有一意孤行的癖好，除了自己的意见外，根本听不进别人的提议。当别人提出不同的意见时，他们不是赶紧否定别人，就是命令别人保持沉默。这种打压、禁止的做法，会严重伤害下属为企业献计献策的积极性。有些管理者更是把下属提出不同意见的行为视为对企业不忠，视为不服从命令，并因此批评下属。

这样的事情在桑顿的上司身上就发生过。桑顿曾经说过这样一句发人深省的话："我曾经有过一位总经理，他做了一个错误的决策，我决定告诉他，他却对我说，他评断员工是否忠心的标准就是看他们是否明知错误仍去执行他的决定。而我的评估标准是他能否会指出我的错误。"

桑顿是桑顿企业的创始人，也是向福特汽车提出"神童"计划的策划人。他在经营管理自己的企业时，坚决拥护员工诚实率真的思考，鼓励员工持有不同的意见，他甚至命令每个员工提出自己的意见。

对于敞开胸怀倾听下属的提议，前 IBM 总裁沃森说出了自己一番深刻的理解："我从不会犹豫提升一个我不喜欢的人当官。体贴入微的助理或者你喜欢带着一起去钓鱼的人对你可能是个大陷阱。我反而会去找那种尖锐、挑剔、严厉、几乎令人讨厌的人，他们才看得见，也会告诉你事情的真相。如果你身边都是这样的人，如果你有足够的耐心倾听他们的忠告，你的成就是无可限量的。"

由此可见，作为企业的管理者，敞开胸怀倾听下属的提议，真的非常重要。这一方面可以营造出知无不言的沟通氛围，激发员工思考的积极性，另一方面又能体现出对员工的尊重和重视，可以让员工感受到信任和激励。只不过，管理者一定理智地思考，保持主见，切勿随波逐流，这样才能做出明智的决策。

10. 循循善诱，才能有力地说服下属

在管理中，领导工作在很大程度上就是说服工作。要知道，无论是决策的制定，还是决策的执行和监督，任何一个阶

段都少不了说服工作。领导者要做的，就是说服下属坚决贯彻执行公司的决策。

也许有人会说："领导者可以通过下命令迫使下属服从，无所谓说服和不说服的问题。"其实，如果没有强有力的说服，不能让下属认同，再强硬的命令也没有实质的意义。因为当下属不理解、不认同你时，在执行过程中就容易出现偏差、发生错误。况且，下属也有自尊心，需要被尊重，他们需要获得平等的对待，所以，说服是领导者管理团队的唯一手段。

说服是一种高超的语言技巧，需要良好的语言素质、口头表达能力。同时，说服时还要针对不同的说服对象，灵活地把握原则，因人制宜、因时制宜、循循善诱，这样才能实现有效的说服。《战国策》里《触龙说赵太后》的故事可以称得上是"循循善诱说服他人"的范本，对领导者说服下属有非常好的借鉴意义。

秦国攻打赵国，处于危难之际的赵国向齐国求救。但齐国提出了一个条件：必须把赵太后的小儿子长安君作为人质，留在齐国，他们才肯出兵。赵太后十分溺爱长安君，所以坚决不同意。大臣们纷纷劝谏，但是没有说服赵太后，反而惹恼赵太后。在这种情况下，左师触龙出面去劝说赵太后。

触龙蹒跚地来到赵太后面前，先是问长问短，和赵太后拉家常。赵太后原以为触龙是来说服自己的，没想到触龙并未提及长安君的事，也就放下了抵触情绪，怒气也消退了很多。随后，触龙循循善诱，说父母都疼爱孩子，但真正爱孩子就应该让孩子得到锻炼，而不应该溺爱孩子，这样的话引起了赵太后的强烈共鸣。最后，触龙转入正题对赵太后说，只有让长安君为国建功立业，才能巩固他将来的地位。怎样才能让长安君为国建功立业呢？很明显，触龙的意思是：让长安君出使齐国为人质，保赵国安危。

尽管在整个说服过程中，触龙只字未提让长安君去齐国做人质，但是赵太后不知不觉间已经心悦诚服地接受了他的主张，并付诸了行动。最后，赵国的危机得以化解。

在这个故事里，触龙循循善诱的说服技巧体现得淋漓尽致，这对领导者说服下属有非常好的参考价值。每个人都渴望得到他人的理解，受到别人的肯定和赞扬。身为领导者，在劝说下属之前，不妨先适度褒扬下属，引导他顺水推舟，对你产生好感和认同。

比如，当下属找借口拖延执行时，为了调动他的积极性，你可以劝说他："我知道你很忙，抽不开身，但这件事非常重要，只有你能胜任，我对其他人没把握，思前想后觉得你才是最佳人选。"下属听了这话，明显地感受到你对他的高度认可，怎么还会拒绝呢？这一点在触龙说赵太后的过程中也有体现，触龙高度认可赵太后对长安君的疼爱，表达了"可怜天下父母心"这种感情，很好地赢得了赵太后的认同，淡化了他的抗拒心理。

俗话说："人同此心，心同此理。"很多领导者在说服下属的过程中失败了，并不是因为他们没有把道理讲清楚，而是由于他们没有设身处地、将心比心地为下属着想。如果换个位置，多站在下属的立场进行说服，沟通起来就会容易许多。

11. 忽视员工的抱怨，只会让抱怨蔓延

抱怨是一种非常正常的情绪，不论在哪一家公司，员工都存在各种各样的抱怨。或抱怨薪酬福利太低，或抱怨工作任务太重，或抱怨工作环境糟糕，或抱怨上司太过专制……身为管理者，首先要对员工的抱怨有正确的态度，要善于从员工的抱怨声中察觉企业的不足，然后想办法化解员工的抱怨。

通常来说，有些管理者会对员工的抱怨采取装聋作哑的态度，以为只要不理会，抱怨就会自动消失。殊不知，这是掩耳盗铃、自欺欺人。要知道，抱怨就像一种慢性毒药，时间越久扩散越大，这就像"蝴蝶效应"那样，毒性会一波一波地扩散开来，最后造成难以弥补的后果。

在20多年的管理生涯中，现任麦考林 CFO（财务总监）的张磅表示，"这么多年来，我听了很多员工的抱怨，也解决了很多抱怨。我认为针对不同的抱怨，要有相对应的措施，这样才能像打太极一样，达到'四两拨千斤'的效果。"

张磅还说："有些员工只是抱怨公司不能吃东西，或者一些办公设备老旧，这样的抱怨只是抱怨而已，他们需要发泄，那就发泄好了；有些抱怨则涉及公司影响和利益，这样就不能袖手旁观了，必须及时解决，包括制定规范的工作流程、明确岗位职责、完善规章制度等。"

施布尔能力突出，每次都能按时按质地完成部门经理交给他的任务，但是不知出于什么原因，部门经理好像不喜欢他，

对他有些反感。因为他经常抱怨："我每个月拿这么点薪水，要完成的任务却这么多！"

对于施布尔的抱怨，部门经理根本不放在心上，而且他非常反感施布尔，在工作中对施布尔没有好脸色。施布尔是怎样对待部门经理的呢？他想：既然你对我没有好脸色，那我也不给你好脸色看。有时候，他故意背地里散布部门经理的谣言，严重影响了部门经理的领导形象。

后来，施布尔的抱怨传到了公司总经理那里，总经理派人对施布尔的工作进行考察，发现施布尔的工作能力突出、工作尽职尽责、业绩名列部门前茅，于是提高了他的薪酬水平。同时，他找到部门经理谈话，让他重视下属的抱怨，及时找到下属抱怨的原因，尽早地化解抱怨。从那以后，部门经理与施布尔改善了关系，施布尔也不再抱怨了。

从这个案例中我们可以发现：员工的抱怨并不是可怕，真正可怕的是管理者不去体察员工的抱怨，不去重视员工的抱怨，而让员工的情绪蔓延下去，最终导致管理混乱、矛盾激化。因此，领导者要在第一时间注意到员工的抱怨，及时消除员工的抱怨。

员工的抱怨是有原因的，世界上许多优秀的企业都十分重视员工的抱怨。比如，快餐业的领导者——麦当劳公司，就特意为员工设立了抱怨、宣泄的正当渠道。每一年，麦当劳都会举行一次不记名的"员工满意度调查"，让不同级别的员工都有机会表达自己对公司的意见和看法。公司在各分店还设立了"同仁意见箱"，以便员工申诉或提出新点子。

12. 适度关心员工的个人问题，他们就会把你当"自己人"

　　孟子说："得人心者得天下。"企业与员工的关系，就像鱼和水的关系，企业要想发展好，就离不开员工的支持。因此，身为企业经营和管理者，一定要想办法与员工处好关系，搞好团队内部的团结，增强企业的凝聚力。而要达到这一目的，一个不错的办法就是关心员工，关注员工的个人问题，为员工排忧解难。

　　俗话说："将心比心，以心换心。"在企业里，领导者如果能像家长关心孩子那样关心员工，那么员工肯定会像孩子一样热爱家长、热爱企业。人非草木，孰能无情，你用真心呵护员工，员工自然会用真心回报企业，把领导者当成"自己人"，把公司当成自己的家。

　　在企业管理中，如果你想让自己的言行更具影响力，最好的一个办法是先让员工对你产生"自己人"意识。因为当员工把你当成"自己人"，把你视为同一类人时，就会对你产生强烈的信任感。一旦他们信任你了，那么你的言行就会充满影响力，你管理企业就会轻松许多。这个看似简单的道理，却不是每个管理者都能领悟的，有这样一个反面案例：

　　有名大学生毕业后进入一家民营企业，在不到两年的时间里，他迅速成长为公司的一名骨干。但是当公司对他充满认可，准备大力提拔他时，他却突然提出了辞职。公司老板非常不解，最后通过私下沟通才了解到他辞职的真正原因。

原来，该员工觉得老板不近人情，一点都不关心员工，跟着他干没有意思。为此，他还举了一个例子：有一次，他与老板一同出差，路上他意外生病了，但老板却视而不见，不理不问，还一味地督促他一定要提前完成任务、缩短行程安排。他说："我无法从内心尊重他，也做不到继续为他效力。"这就是他辞职的真正原因。

由于老板不懂得关心员工，导致公司苦心培养出来的优秀人才流失，这种情况不得不让企业管理者扼腕叹息。也许有些管理者认为，员工来公司就是工作的、为公司创造效益的，他们生病了、心情不好或者心里有苦闷，这些个人问题企业没有责任去帮忙解决，因为公司不是慈善机构。可是话虽如此，却难以让员工接受。

员工不是机器而是人，是有情感、有思想的人，如果企业内部缺少人文关怀，缺少人情味，那么工作就会变得枯燥无味，人与人之间、上下级之间就会变得冷漠。所以，管理者赶紧放下"企业不是慈善机构"的观念吧！从今天开始，适度关心员工的个人问题，表达对员工的关心和爱护，激发出员工"自己人"的意识。

第十一章
管得越少，成效越好

　　有一句话说得很好："紧攥着拳头里面什么也没有，张开双手你才能拥有全世界。"把这句话用到企业管理者授权上，再恰当不过了。当一个管理者紧攥着权力不肯放手时，他不是权力的拥有者，而是权力的奴隶。只有当他把权力授予下属，让下属有释放自己能力的空间时，管理者才是真正的权力拥有者。要知道，权力不是用来控制人的，而是用来激励人做事的，所以，学会授权才是管理者最应该做的事情。

1. 管头管脚，但不要从头管到脚

权力是管理者依仗的最大资本，有了权力之后，管理者才能实施有效的管理。但不少管理者把权力当作监控他人、显示个人权威的工具。最典型的表现就是从战略目标的制定，到战略目标执行的各个环节，什么事情都要过问。在这种严格控制中，最忙最累的是管理者，最反感最失望的是员工，而且企业发展的局面迟迟无法打开。

第二次世界大战时，有人问一位将军："什么人适合当头儿？"将军的回答是："聪明而懒惰的人。"管理者的主要工作是制定战略目标，然后找正确的人去实施。

管理的奥妙就在于"管头管脚"，但千万不要从头管到脚，这样才能使管理变得简单有效。但是，很多管理者有一个通病，他们习惯于相信自己，不放心别人，经常不礼貌地干预别人的工作。这个通病形成了一个怪圈：管理者喜欢从头管到脚，越管越变得事必躬亲、独断专行、疑神疑鬼。这也让部下们越来越束手束脚，感觉不舒服，并渐渐失去宝贵的主动性和创造性。

要想管好"头"，就要重点解决两个问题："做什么"和"谁来做"。"做什么"是战略、是目标，"谁来做"是授权，也就是说管理者清晰地描绘企业的未来，制定战略路线和具体目标，然后将具体的目标分配给合适的员工去完成。

身为管理者，要做的是给员工创造一个宽松、信任并能获得强有力支持的工作环境。杰克·韦尔奇说过："我的工作是为最优秀的职员提供最广阔的机会，同时最合理地分配资金，这就是全部。传达思想，分配资源，然后让开道路。"与此同时，将合适的人放在合适的职位上，将具体的工作交给合适的人去做，这样员工的潜能自然会迸发出来。

要想管好"脚"，就要坚持以工作结果论英雄。举个例子，在越野比赛中，只要规定起点和重点，以及比赛的路径，每个人都可以按照自己的方式去冲击冠军。至于谁快谁慢，为什么快和为什么慢，越野比赛的举办方根本不用去管。

同样的道理，在企业管理中，管理者也可以这样做。比如，有些高科技公司采取弹性工作时间，不规定员工几点上班，几点下班，上午干什么，下午干什么，对于特定的任务，管理者只给员工一个完成的期限，具体怎么完成由员工自行安排。最终，以结果来衡量员工的工作业绩。这样能给员工足够的空间，员工也会回报更多的努力，从而形成一种良性循环。

2. 管理者不能事必躬亲，要有所为有所不为

很多中小企业在起步阶段，领导者往往一人多能、一人多职。随着公司慢慢发展壮大，有些事情不需要他们去做了，但他们已经养成了事必躬亲的习惯，觉得谁做事都不放心。结果，因为需要做的事情太多了，领导者往往迷失在繁杂的事务里，效率低下。

其实，真正做大事者应该"有所为，有所不为"。面对企业管理的众多繁杂的事务，应该清醒地认识到：哪些该"为"，哪些该"不为"。对于那些应该自己做的事情，努力去做好；对于那些不应该自己做的事情，授权给他人去做。

优秀的领导者往往把主要的精力放在"做决策"和"用人"上，他们认为做好了这两项工作，就能全盘性地把握大局。至于那些具体性的事务，他们不会牵扯太多的精力，而是大胆地交给下属去办。在"有为"与"无为"中把领导与下属拧成一股绳，实现最大合力。

有一位企业家管理方式很简单，他只过问3件事：财务状况、产品质量、市场反馈。他认为这3件事关系到企业的命脉，把关好这3方面的事务，公司就能稳步地发展下去。也正是因为他敢于放手那些小事，他才有时间悠闲地旅游和打球。

这位企业家的做法是高明的，他没有被纷繁的企业管理事务和市场乱象所迷惑，而是抓住了经营的几个关键点，把更多的时间放在关乎企业生死存亡的大事上。这样他才能跳出企业这个庞杂的"局"，用乐观、冷静、理智的思维去思考企业的未来。

当然，下放权力给员工并不意味着管理者对员工的工作进展不闻不问，任由员工"胡作非为"，而是让员工主动承担起属于自己的责任。管理者只有做到了这点，员工才能有机会获得成长，也才能让自己告别"穷忙"一族，更好地去思考和把握企业发展的大局。

3. 领导的任务不是替下属做事

孔子在《论语》中讲："在其位，谋其政；不在其位，不谋其政。"指的是不去做不该做的事，这样才有时间和精力去做该做的事。可是很多管理者不明白这个道理，他们以为做得多就等于效率高，总习惯于"一肩挑"，把下属该做的事情也做了，以为这样能赢得下属的敬佩。如果真是这样，领导者要下属干什么？那还不如他一个人单干。

王强是某公司的企划部总监，每当他和朋友谈及近况时，他就会说："最近忙死了，公司有新品上市的企划，我要做产品定位、广告创意、软文写作、上市活动设计、物料制作等一大堆的事儿，我还要巡视市场、拟定促销方案、媒体购买和执行促销活动……"

朋友们感到奇怪，就问："你是部门的领导，你手下还有一帮人呢，他们干什么去了，怎么都由你来干呢？"王强则无奈地说："他们？别提了，他们有他们的事做，况且这些事他们也做不了……"事实真是这样吗？当然不是，现在我们就来看一看，当王强忙碌时，他的下属们都在做什么。

当王强坐在电脑前面苦思冥想几个小时，只为写一个企划案时，他的下属们已经浏览了很多网页，然后在互联网上看了一场长达两个小时的 NBA 直播；当王强为了制定一份新的市场管理制度，把头皮都抓破了时，他的下属们已经聊完了国内明星的花边新闻，开始将话题转移到科比的风流韵事上了；当王强为了一份印刷品、几样物料、一则报纸广告，多次往返于公司与印刷厂、广告公司、报社之间时，他的下属们正在办公室吹着空调，吃着零食，天南海北地神侃瞎聊。

为什么王强不将手头的工作分一部分给下属做呢？他完全可以安排下属做市场调研，安排下属负责软文写作，安排下属拟定促销方案。难道他担心下属做不好？如果他的下属连这些技术含量较低的工作都无法胜任，那当初公司又为什么经过层层筛选，将这些人招聘进他的部门呢？

请不要笑话王强，因为很多管理者和王强有类似的表现——上班比谁都早，下班比谁都晚，做的事比谁都多。整天忙得晕头转向，而他们的下属却闲得没事可做，只好通过上网、游戏、看新闻、聊天来打发时间。管理者为什么有那么多事情要做呢？因为很多原本不属于他们的事情，都被他包揽下来了。说得更明白一点，他们在做自己应该做的管理工作的同时，还在任劳任怨地替下属做事，"敬业"精神可见一斑。

管理者并不同于普通员工，他们通常是战略任务的制定者、任务的下达者、工作进展的监督者，而不是具体事务的执行者。如果管理者"闲"不住，把原本应该由员工做的事情做了，那他并不是一个值得称赞的领导者，相反，他是一个拙劣的领导者。因为领导者的任务不是替下属做事，而是让下属服从自己的命令，为整个团队和公司做事。所以，领导者一定要明确自己的职责，千万不要越俎代庖。

4. 只有把权力放出去，你才是真正的权力拥有者

"紧攥着拳头里面什么也没有，张开双手你才能拥有全世界。"用这句话来形容授权的重要性再恰当不过。身为管理者，不能沉浸于掌握权力、拥有地位的喜悦中，而应该正确地运用手中的权力，积极带动下属为企业创造最大的效益。如果做不到这一点，总是把权力牢牢抓在手里，处处控制着下属，便不可能做好管理者，也不可能把企业带向新的发展高度。

权力是公司赋予管理者来管理公司的，而不是管理者耀武扬威、控制别人的武器。当管理者把权力攥在手里时，其实不是权力的拥有者，而是权力的奴隶。

习惯于相信自己，对别人不放心，喜欢粗鲁地干涉别人，这是许多管理者的通病。这样做会形成一个怪圈：管理者喜欢从头到尾地管，喜欢事必躬亲、独断专行，还会变得疑神疑鬼。同时，下属越来越束手束脚，养成依赖、懒散的习惯，最后他们把主动性和创造性丢得一干二净。

杰克·韦尔奇有一句名言："管得越少，成效越好。"要想管得少，最简单的办法就是把权力放出去。这不仅是一种管理的境界，也是一种管理的智慧和胸怀。韦尔奇认为，管理者不懂放权，事必躬亲只会累坏自己。退一万步说，管理者不为企业着想，也要为自己的身体健康着想，为此，你必须学会放权给下属，这样解放自己，让管理回归简单。

哈佛商学院的大学教授迈克尔·波特曾经说过："领导

者唯有授权，才能让自己和团队获得提升。"当你认为某个下属有能力完成某项工作时，你要做的就是给他权力和自由，信任并支持他做好该项工作。这样才能充分调动下属的积极性、主动性和创造性，下属也才有机会大显身手，为企业创造效益。

5. 挑选合适的授权对象

选择合适的授权对象，是管理者授权的第一步。怎样才能选出最合适的授权对象呢？这就要求管理者对被授权对象进行细致的考核，了解其人品、能力、特长和工作经验。

管理学大师杰夫曾经说过："善于发现人才是第一步，只有真正用好人才，才能真正产生效益。"因为每个员工都有自己的特长和优势，只有把员工放在最合适的岗位上，把最合适的工作交给他们，他们才会发挥最大的潜力，把工作做到位。

在柯达公司的发展史上，曾有一段时间前后更换了5位职业经理人进行企业改革，但都以失败告终。接二连三的失败引起了柯达股东的不满，在强大的压力下，董事长凯伊·R. 怀特被迫辞职，然后由乔治·费雪担任公司的总裁。

53岁的费雪是一名应用数学博士，他曾在贝尔实验室和摩托罗拉公司任职。他明白担任柯达总裁所面临的困难，但是当媒体问他准备采取哪些措施带领柯达走出困境时，他只是轻描淡写地说："柯达有自身的优势，我希望在公司现有的基础之上，寻求令人鼓舞的增长。"

　　如此简答的回答让人吃惊，很多媒体认为他是一个没有真才实学的人。分析家格勒热还说："我认为没有人能够做到这样。但是如果费雪做到了，那将是商界一大奇迹。"很明显，外界人士并不信任费雪能扭转柯达不利的发展局势。

　　然而，费雪上任之后立刻放了"三把火"，第一把火是开展电子学产品业务，第二把火是压缩贷款，第三把火是加强企业产品宣传，这三大举措帮助柯达一步步走出了困境。这个时候，那些站着说话不腰疼的美国市场评论家们才意识到，柯达高层当时让费雪来担任公司总裁是多么英明的决定。

　　费雪用实际行动证明他是柯达公司管理层最合适的授权对象。站在柯达公司管理层的立场上来看，选对了授权对象，企业管理就成功了一半。因为把正确的人放在合适位置上，人才的潜力可以最大化的发挥，成功将变得易如反掌。

　　1903 年 6 月，亨利·福特创办了福特公司。公司成立后，他设计的 A 型车在一年内销售了一千多辆，之后他又设计了 N 型车、R 型车、S 型车，每一款车都十分畅销。1908 年，福特公司又设计生产了具有现代意义的 T 型车。这款车从问世到停产，福特公司一共销售了 1545878 辆，大大提高了小轿车的普及率。到了 1925 年，福特公司每天能生产 9109 辆车，平均每 10 秒钟生产一辆车，创造了世界汽车史上的奇迹。

　　福特公司为什么能取得如此伟大的成就呢？这与亨利·福特正确的授权有很大的关系。亨利·福特聘用了管理专家沃尔·弗兰德斯，让他全权负责生产方式的改革。在弗兰德斯的努力下，福特公司实现了生产效率的大幅度提升，使福特公司得以茁壮成长。与此同时，亨利授权给技术员 C. W. 艾夫利和威廉·克朗，让他们负责将发动机、主轴、磁电机组装这 3 条线上使用的"运动组装法"推广到总装配线上，并获得了巨大成功，这才使得福特汽车公司有了大批量的流水线生产。

当别人问亨利·福特的成功秘诀时，他说："我的成功来自于成功用人。"在他看来，把权力授予合适的员工，就等于给员工提供了一个展现自我的舞台，这样很容易激发出他们的潜能，从而带动企业发展。

6. 给下属一个证明自己的舞台

一棵树的成长需要肥沃的土壤，一个人的成长需要适宜的平台。优秀的管理者总是在人才需要证明自己的时候给他舞台、给他机会、给他信任、给他支持，使他有机会展现自己的才华，从众人中脱颖而出。

战国时期的平原君赵胜就是这样的人，当年若不是他给毛遂一个参与说服楚王的机会，毛遂也就不会有见到楚国君王的机会，纵然他很有才华，也难以展现自己。同时，恐怕赵胜说服不了楚国与赵国联盟，赵国就难以获救。由此可见，给下属一个证明自己的舞台，成就的不仅仅是下属，更是整个团队、企业和国家。所以，管理者要懂得给下属机会，为下属搭建舞台，信任并支持下属去展现自己，这也是成就企业的重要良方。

晋商曹氏在沈阳开设富生峻钱庄，投资 7 万两白银并让掌柜全权负责经营。可是历经几年，掌柜非但没有为东家赚到钱，反而把东家的钱赔了进去。当曹氏听到掌柜的汇报后，不但没有斥责掌柜，反而安慰他说："这次亏损不是你的经营失误，也不是你能力不足所致，而是客观原因造成的，你不用自责。"

又过了几年，富生峻钱庄依然亏损，掌柜觉得对不起东家，抱着愧疚的心情提出辞职。但曹氏却很信任他，再次安慰他："做生意有赚有赔，我相信你的能力。"然后又拿出第三笔本钱，鼓励掌柜大胆去干。

在东家的信任与激励下，掌柜决心全力以赴，为东家赚钱来报答东家。他总结前两次失败的教训，调整了经营策略。几年后，富生峻钱庄把前两次亏本的钱都赚回来了，而且还获得了巨额盈利，并成为沈阳金融界的大户。

给下属一个证明自己的舞台，即便下属曾经在这个舞台上有过失败的表演，只要他有实力，你就不妨给他一次为自己正名的机会，一次不行再给一次。相信下属在你的这种信任下，一定会不辜负你的期望，做到你想要的结果。

有一位经营管理超市20年的总经理，在总结自己如何提升管理效率，如何保证超市效益蒸蒸日上时说："管理是什么？管理就是借助别人的手去达到自己想要的目标。要想提高管理效率，要想企业生生不息，管理者就要充分的信任下属，积极为下属搭建舞台、创造机会，然后授权给下属去干，让下属证明自己的能力，也证明管理者的用人有多么明智。最后，下属一定不会让你失望。"

聪明的管理者就应该这样：不断给下属提供广阔的施展空间。把任务交给下属，然后在一旁关注下属、支持下属，必要的时候给下属一些指点，与下属商讨解决问题的最佳方案。如果你能做到这些，你已经是很了不起的管理者了。

7. 科学分配任务，把正确的事情交给正确的人

在我们身边，经常会看到这样的管理者：他们整天到晚忙忙碌碌，时间一天天过去，却没忙出头绪，没有忙出成效。该解决的问题没有解决，团队的各项工作都卡在他们手里，而员工却闲着没事做。聪明的下属想帮忙，他们却不领情，认为下属瞎操心。当被人说他们工作方法不对时，他们却振振有词："做事要慢慢来！"

遇到这样的管理者，不知道是企业的悲哀，还是员工的悲哀。这样的管理者通常不知道：身为管理者，最该做的是什么。他们不知道管理者是通过分配任务、指挥别人来做事的，而不是具体完成工作的人。对一个管理者来说，忙不是他的功劳，忙不是他做不好工作的理由。定计划、分任务、跟踪检查，促成团队目标达成，这才是管理者的本职工作。

不可否认的是，不少管理者是拙劣的任务分配者。虽然他们也分配工作，但对工作的情况、对下属的优势不完全了解，经常把工作分配给不适当的人去做，结果当然无法取得好的执行效果。等出了问题之后，他们往往卷起袖子亲自去做。这样一来，既浪费了时间，又浪费了人力物力，而且还会打击下属的积极性。

原则上讲，可以把任何一项工作交给任何人去做。但是在

企业管理中，我们追求的是管理效率，员工追求的也是执行效果。因此，你应该选定能够胜任工作的人，这才叫把工作交给正确的人。这样往往能取得较好的执行效果，下属在出色完成任务之后，也能获得成就感。

要想快速地选定能够胜任某项工作的人，就要求你平时多花时间去了解下属的能力。比如，你可以要求下属通过书面形式，把自己的优势、喜欢做什么工作都写下来，以便你去了解他们。当然，你也可以经常和下属沟通，多观察下属，这样也便于你了解下属的能力。

举个例子，你知道某个下属打字速度很快，完成同样一份材料的录入，他的速度远远快于他人，而且出错率很低。这样一来，当你有一些材料需要急用时，你可以把录入的工作交给这个员工。反之，如果你不知道谁打字快，随便把这项工作交给一个下属，而他恰好不擅长录入，那么不仅耽误了时间，还会影响你的正常工作需要。

此外，在委派工作时，不妨告诉下属：你为什么要把这项工作交给他，向他指出他有某项特殊的才能，适合完成这项工作，这样可以表达你对他的信任和赏识，有利于激发他的积极性。同时，你应该让下属知道这项工作的重要性，完成这项任务对公司的直接影响，让他意识到肩负的责任。

在委派工作时，你有必要解释一下工作的性质和目标，向下属交代一些相关的信息，告诉下属：这项工作要做到什么效果，什么时间完成，在这个过程中向谁汇报工作进程等。最后，一定要记得用肯定的语气对下属说："我确信你能做好这项工作。"这句话对下属将会产生很大的激励作用。

8. 把握原则，让交办的工作有章可循

在管理中，有一种情况十分常见：你把下属找来交给他一项任务，交代之后，你忙其他的事情。接到任务之后，下属认为你交代的工作不着急，于是把你的工作放在一边，忙他手头着急的工作。一个星期过去了，你突然想到交代给下属的事情，于是问下属要结果，但下属却说："我还没做好呢！"你火冒三丈，批评下属做事没效率，下属委屈地说："你又没说多久完成任务，我怎么知道你什么时候要结果？"顿时你哑口无言……

你碰到过类似的事情吗？在交办工作时，你会对下属说什么呢？为什么有些领导者交办工作给下属，下属三五分钟就能完成，而有些领导者交办工作给下属，下属拖一个星期甚至半个月？其实，交办工作是有学问的、需要讲原则的。

一般来说，交办工作需要注意以下三个原则：

第一，具体原则。在交办工作给下属时，清楚地告诉下属：具体要做什么事情？千万不要泛泛地交代，让下属摸不着头脑，不知道你想让他做什么。具体原则还包括这项工作多久完成，达到怎样的效果。很多领导者只把工作交给下属，却不说明具体什么时间完成，导致下属认为领导交办的这件事不着急，我先放一放。这样一来，下属就可能拖着不执行，等你需要结果时，得到的却是失望。要想改变这种状况，你要做的就是向下属讲明时间："这件事交给你去办，明天上班之前给我

结果。"这样一来，下属还敢拖着不执行吗？

第二，适当原则。交办给下属的工作量、工作难度要适当。工作量太小、难度太小，无法激发下属的积极性，不利于下属尽职尽责地完成；工作量太大、难度太小，超出了下属胜任的范围，下属就无法取得令你满意的结果。因此，在交办工作时，你要考虑到下属的工作能力、忙碌程度等因素，交办给下属适当的工作任务。

第三，汇报原则。下属在执行任务的过程中，有必要适当地向领导汇报任务的阶段性进展情况。这通常指的是系统性、较大的工作任务。很多领导者把任务交给下属后，就任由下属去"折腾"，而不要求下属汇报。等到出了问题，他们要么冲着下属发火，要么捶胸顿足暗自懊恼。

你不要求下属汇报，你不主动和下属针对交办的工作进展进行沟通，下属就可能在执行中出现问题。所以，不要等到出了问题，才痛斥下属的不汇报，而要在交办工作的一开始，就明确告诉下属："及时向我汇报情况，最好两天一个汇报。"

9. 根据下属的特长进行授权

对 NBA 有一定了解的人，想必对公牛队的"大虫"丹尼斯·罗德曼不会陌生。罗德曼加盟到公牛队的第一天，教练就郑重地告诉他："在这里，你唯一要做的只有一件事情。"罗德曼问教练："什么事？"教练说："你每一场比赛，必须抢下15 个篮板球。"就这样，罗德曼在公牛队的体系中，锻炼成著名的"篮板王"。

为什么教练把抓篮板球任务交给罗德曼呢？因为他了解罗德曼，知道他有抓篮板球方面的天赋和特长。其实，领导一个团队、管理一个企业，和带领一个球队的道理一样，领导者就像球队的教练，一定要学会正确地用人，把相应的工作授权给对的人。

每个员工都有自己的特长，领导者不能求全责备，而应该根据他们的特长进行授权。这样，他们才能做自己擅长的事情，更好地发挥自己的能力。那么，怎样才能发现人才的特长呢？这就需要领导者实现对人才的相关信息进行了解，比如，了解他们的教育知识背景、兴趣爱好、专业特长、工作经历等。只有用心地去了解，才能发现人才的闪光点，才能避免授权给错误的人。

1981年底，已经成为PC机操作系统领域"霸主"的微软公司决定进军应用软件领域。当时比尔·盖茨雄心勃勃，坚定地认为微软公司不仅能开发软件，还能成为具有零售能力的公司。他的想法非常好，但却在行动中碰到了难题。因为虽然微软公司有很多软件设计方面的人才，可是在市场营销方面却人才匮乏，这直接导致微软迟迟无法进入零售市场。

这个时候，比尔·盖茨意识到必须找到营销方面的高手来帮忙，经过四处打听，最终他将目光锁定到罗兰德·汉森身上，此人是"肥皂大王"尼多格拉公司的营销副总裁。因为汉森具有丰富的市场营销知识和经验，于是他把汉森引入微软。

当时微软的高层主管对盖茨的做法很不放心，因为汉森虽然是营销专家，但是对软件一窍不通。而盖茨认为，汉森虽然不懂软件，但是在公司广告、公关、产品服务以及产品的宣传与推销方面，能起到十分重要的作用。

汉森进入微软之后，在营销方面得到了盖茨的大力授权，他也因此给那些只懂得软件、不懂市场的微软精英们上了一堂统一商标的课。在汉森的强烈建议下，微软公司所有的产品都要有"微软"的商标出现，不论是哪种类型的产品，都要打出微软的品牌。不久，微软商标在美国、欧洲乃至全世界被世人熟知，微软的产品也迅速被人接受，其市场占有率也迅速得以提升。

员工擅长做什么事情，你就把他擅长的工作方面的权力授予他，让他自主地完成相关的任务。这种做法是管理者在授权时必须重视的问题。比尔·盖茨之所以把营销方面的权力授权给汉森，是因为汉森是一位营销专家。同样的道理，在你的企业和团队中，有一些人才是某方面的专才，如果你能发现他们的专业优势，并大胆地授权给他们，他们也会给企业带来巨大的效益。

10. 不要当救火队员，让员工自己解决难题

不少企业管理者热衷于帮助下属解决问题，并为自己解决问题的能力而感到自豪，实际上，这种"保姆式"的管理是非常不明智的。一个高明的管理者，不会给员工当救火队员，他们会把权力下放让员工自己来解决。

一般来说，下属在工作上对上司都有或多或少的依赖，当他们遇到困难时，第一时间想到的不是怎样解决，而是向领导请示。如果管理者开了帮下属解决问题的先例，他们便会变本加厉，把那些问题统统交给领导，而自身的能力却越来越退化，久而久之，管理者就会在不知不觉中沦为下属的"保姆"。

为了避免成为整个团队的救火员，管理者一定要学会充分借助"外脑"的力量来解决问题。美国的杜邦公司是全球最大的化学公司，这家公司的快速发展，就离不开管理层"巧借外脑"的管理智慧。

在杜邦公司的发展初期，尽管企业的高层管理人员并不在少数，但他们的精力和时间大多都耗费在管理员工上，根本无心去研究市场情况，也无力为企业发展做出更长远的规划。

在这种情况下，经济研究室成立了，该研究室是由受过专职培训的经济学家组成，这些专家对杜邦公司的一切经营状况都十分清楚，他们的工作内容就是着重研究全美和全球的经济发展现状、结构、特点以及发展趋势。此外，该研究室还会专门有针对性地调查与杜邦公司产品有关的市场动向以及与杜邦公司利益相联系的经济动向，并对其进行分析和预测，进而为杜邦公司高层的决策提供准确必要的依据。

事实证明，这个智囊团的存在，帮助该公司做出了一系列正确决策，杜邦公司的业务范围也从刚开始的化纤、生物、医药、石油等领域，扩展到电子、运输等其他行业，项目数量更是达到了 1800 种之多。

亲自帮助员工解决难题，不仅坏了规矩，还打乱了原本的管理部署，反而会造成管理上的混乱。一个高明的将军，永远不会亲自冲锋陷阵，而是把这些交给手下的士兵。企业领导者也是一样，借助下属的能量以及"外脑"的智慧解决问题，才是节省管理成本、提高团队工作效率的明智之举。

11. 让员工学会自己走路，不要老是手拉手

有些管理者在授权给下属做某项工作后，忍不住去过问、插手甚至是替下属完成工作。他们就像很多父母对孩子始终不那么放心，担心孩子不会自己走路，于是不自觉地拉着孩子的手，生怕孩子摔跤受伤。这一点在著名的旅店大王·希尔顿的父亲身上就有很典型的表现。

唐纳德·希尔顿曾经以 5000 美元起家，历经艰苦奋斗和磨难，终于把旅店开遍美国及世界各地，成为举世闻名的旅店大王，也成为美国经济的十大财阀之一。他的成功很大程度上归功于他"用人不疑"的管理风格。

希尔顿 21 岁时，父亲把一个小旅店的经营权交给他，同时转让给他部分股权。然而在那段时间里，父亲经常干预他的经营，这让他非常恼火。父亲为什么这样做呢？因为他觉得儿子还太年轻，而且家族事业尚未稳固，经不起儿子可能的失误带来的打击。于是，年轻的希尔顿深深品尝了有职无权、处处受制约的苦头。

后来希尔顿成为有实权的管理者，他从父亲的干涉行为中反思了另一种管理策略，那就是只要授权给下属，就会充分信

任和放权，决不会轻易干涉。这样，被授权的下属才有机会证明自己的能力，证明自己到底是对还是错。

在希尔顿这种管理思想的指导下，他前前后后提拔了很多基层的员工，由于他们有丰富的实战经验，因此能把管理工作做得很出色。希尔顿对被授权的员工十分信任，总是放手让他们自己去干。如果员工犯错了，他会叫员工去办公室，单独与之谈话。他会先安慰员工，再帮员工客观地分析错误，并一起研究解决方案。正是这种充分信任和宽容的态度，让员工非常受鼓舞，也使全部管理人员都对他信赖、忠诚，对工作非常认真负责。

希尔顿不像他的父亲，老是拉着下属的手走路，而是鼓励员工自己走路。从希尔顿的授权方式中，我们可以发现：一经授权，充分信任和放权，这是高明的管理之道，是鼓舞人心的有效手段，也是管理者自信的表现，更是一条通向事业成功的途径。

管理者要相信下属的办事能力，授权后尽量不要干涉、插手下属的工作，只需要适当关注下属的工作进展即可，这样下属才有机会按照自己的想法、按照自己的方式去自由地工作。如果你做不到这些，干脆不要授权给他。

管理者不是"保姆"，不可能时刻看着下属，时刻指导下属。事实上，下属也并不像你想象的那样无能，很多时候，你只需要放权给他们，告诉你的期望，下属就会给你一个满意的答案。也许下属办事的方式与你不同，但只要他能达到你想要的结果，那就是成功的。

12. 授权收权，要做到收放自如

授权不是最终的目的，而是实现企业发展目标的一种手段。老板通过授权，可以充分调动被授权者的积极性，借助大家的力量使大家团结在一起，各司其职，把公司的事务做好。而不是把企业的权力分封给各个部属，然后老板当甩手掌柜。因此，在授权之后，老板还要学会收权，没有收权同样是行不通的。

老板必须明白，只有自己才是企业的真正负责人、长期的负责人。不论属下的管理者多么聪明、多么负责尽职、多么忠诚可靠，都无法完全取代你在企业中的权威性和影响力。如果授权下属，下属执行不到位，甚至把工作搞得一团糟，这时候老板就有必要对权力进行调整，收回授予的权力，或者另选授权对象。

1989 年 4 月，宏基公司总裁施振荣任命刘英武为宏基执行总裁。刘英武是毕业于普林斯顿大学计算专业的博士，曾在IBM 公司软件开发实验室电脑部担任主管长达 20 年之久，在美国电脑界非常有声望。施振荣非常器重他，声称他是宏基全球扩张的"秘密武器"，并把经营决策权毫无保留地交给他。结果怎么样呢？

刘英武上任之后，向宏基灌输了他从 IBM 带来的"中央集权"的企业文化。他频繁地召开马拉松式的会议，而且对下属的建议基本不听，下属必须无条件服从。宏基的一位经理回忆道："强迫大家同意总裁的观点与以前宏基的风格大相径庭，施振荣从不会强迫你做任何事，除非你同意或愿意去做，所以很多人便离开了公司。"

之后，刘英武又做了一系列收购的决策，但基本上以失败告终。他从外部聘来了 9 个高级管理人员，为此公司损失巨大。这一切都被施振荣的妻子叶紫华看在眼里，为此她向施振荣抱怨，说刘英武不看事实。

渐渐地，施振荣意识到自己对刘英武的过度授权是一个错误。他说道："我认为 IBM 是世界上管理最好的电脑公司，刘英武理所当然比我更有能力和经验。但他不是企业家，我对他授权太多了、太早了。"1992 年，施振荣开始重掌帅旗，他决定按自己的方式塑造宏基，而不是仿效 IBM 公司。

在这个案例中，施振荣虽然在授权之后收权了，但是由于收权不及时，导致企业损失严重。这种现象值得每个管理者尤其是企业老板深思。

俗话说："水满则溢，月满则亏。"授权与收权是一对矛盾的统一体，总是此消彼长。在企业管理实践当中，随着企业走上不同的发展阶段，实际情况也会有所变化，因此，授权还是收权应该结合实际情况，根据具体需要来授权和收权。

哪些权力该授，哪些权力该收，这个问题不好一概而论，而要求管理者根据企业的具体情况来决定。一般来说，涉及企业命脉的权力不能授，比如战略决策、财务决策等应由老板掌控，而一些带有方法性的、具体事务的执行权限，完全可以授予员工，以充分发挥他们的能力。

在授权之后，如果发现出了问题，管理者应该立即对授权事件进行检讨，思考问题出在哪里，找出症结。如果发现被授权者能力不够，无法胜任工作，应立即收回权力，然后选择更适合的对象进行二次授权。如果被授权者圆满完成了工作，应予以肯定和奖励，然后顺理成章地收回权力。要做到一事一授权，一事一收权，授权始于任务的开始，收权始于任务的完结。

第十二章
制度管人必须跨越的 16 个误区

　　制度本身没有错，用制度管人、按规章办事更没有错。但为什么有些管理者用制度管不住人、管不了事？反而把企业弄得缺少人性化，而且人人抱怨呢？其实，错就错在管理者陷入了制度管人的误区。说得更准确些，是管理者给自己下了套，导致在错误思维的指导下来管理企业，这样岂能把企业管好？因此，要想真正用好制度，管好企业和员工。管理者就必须明确对制度管人的认识，消除思想上的误区。

1. 玩弄手腕者，终究会失信于人

生活中，总是不缺"聪明人"：他们好耍小聪明，喜欢从自己的心计中得利。其实玩弄手腕者，最终都大多失信于人。这样的人也许可以一时欺骗蒙哄某些年幼无经验者，也可以得利于一时。可是一旦被识破，别人就不会再相信你了。

玩弄手腕其实就是用他人对自己的信任来获取利益，是一种极其卑微的行为。但在企业中，总有一些员工始终不满于自己的所得，他们渴望被重视，又不知如何采用直接的方法去得到重视，于是只好采用不适当的、甚至欺骗的行为去满足这一需求。他们用迷惑、哄骗或者虚与委蛇的方法获得关注和存在感，或者是以在同事间挑起事端为快，以此作为报复或反抗的表现。不管他们以什么方式展开这些行为，最终都会使企业的其他员工感到厌烦。

潘丽是办公室的组长，属于"惹不起"的人物，倒不是她有多厉害，权力有多大，只是她长了一张会搬弄是非的嘴。谁要是惹她不高兴，她就去领导面前说三道四。大家都很烦她，她却觉得自己地位很高，谁也不敢招惹她。对待同事，她也是经常指来喝去，一会让这个帮她处理文件，一会让那个帮她送个快递。她还总是跟人换班，说之后会替别人顶班，但是过后再也不见她提起换班的事。大家知道她是个什么样的人，也就不去计较。

一次她又中途脱岗，恰巧赶上领导来检查，她的缺岗让领导很不满意。她事后赶紧向领导解释是自己孩子生病了，急着去医院没来得及请假。但是恰巧这位领导当时正好从医院回来，领导心知肚明，也没有说破。只是后来人事变动的时候，潘丽莫名其妙地被调到了仓库，办公室从此便没有她的位置了。

其实同事之间存在竞争是好事，但是这种竞争应当建立在追求工作成绩、处理好上下级关系上，而不是钩心斗角上。事实上，当你试图去摸清别人底细的时候，你也正在暴露自己的底细和意图，这是一种扭曲的竞争意识。没有人愿意被刺探、被揣摩，这是人之天性。要弄手腕的人，往往不会注意自己为人处世的方式和分寸，面对纠纷的时候，往往不想着如何化解纠纷，而只知道如何利用纠纷为自己谋利。这些做法，无疑会让人心生厌恶。

每一个上位者都是从下面上来的，小伎俩是瞒不过别人的。一个谎言说了出来，往往需要更多的谎言去解释。但是真相就是真相，纸永远包不住火。

2. 好话和坏话都要讲在当面

生活中，你是否见过这样的事情：亲兄弟合伙做生意，从一穷二白的时候做起，一步步把生意做起来。当生意做大时，却往往意味着兄弟分道扬镳，甚至反目成仇。为什么？因为牵涉了利益，而当初两人没有把利益分配和经营模式说清楚，事成之后，两人各有各的想法，于是纠纷就产生了。

有这样一个案例：哥哥在创业，让弟弟和弟媳来帮忙。平时不给他们发工资，他们需要钱，哥哥就给。后来，哥哥开了分公司，让弟弟去全权管理。若干年后，嫂子忍无可忍，要求弟弟还钱，因为弟弟把分公司的经营收入都揣到自己的腰包。弟弟表示不欠哥哥的钱，相反，他认为那家分公司属于自己的。最后矛盾不可调和。

为什么会出现纠纷呢？因为当初哥哥与弟弟该说的没有说清楚，他让弟弟、弟媳来帮忙，没有说明工资待遇，也没有记录他们从公司拿的资金开支。当初让弟弟全权管理分公司，哥哥也没有说清楚，那只是让弟弟帮自己打理分公司。否则，弟弟就不会认为那家分公司是自己的。当嫂子要求弟弟还钱时，弟弟却要求哥哥支付他们为其打工的工资，如此搅作一团，说不清也道不明。

其实，在企业管理中，因没有把该说的说清楚而导致企业陷入混乱的事情也有很多。比如，曹老板和小严是好朋友，他多次邀请小严加入自己的公司，言语之中对他充满了赏识，但是不提工资待遇。小严受到赏识，心情激动，碍于颜面，也不好意思问待遇。小严和自己的一位朋友说："我想老曹给我的月薪肯定不低于 5000。"结果小严辞去现有的工作，兴致勃勃地进入曹老板的公司，曹老板却对他说："我给你的月薪是4000 元。"小严愤然离去，结果两人朋友也没得做了。

好话和坏话都没有说在前头，导致彼此期望有差距，影响了两人的朋友关系，这就是曹老板的失误。如果曹老板当初明确地说："我给你的基本工资为 4000 元，你每个月要完成多少工作量，如果完不成，相应地要扣多少，如果超出了月工作量，按什么标准奖励。"把奖罚都说清楚，好话坏说都说在前头，就不会出现后来的矛盾。

在管理中，最忌讳的沟通不畅。把好话坏话都说在前头，为的就是把事情沟通清楚，让彼此心明如镜，也是为了给对方一些心理准备，对未来可能会发生的事情做出预测，使得在面对今后发生的问题时，有一个解决的标准，这样才不容易造成误解和纠纷。

3. 惩罚创新者，等于自毁长城

创新永远是一个人、一个企业，乃至一个社会不断进步的动力。可以说，每个人的成功、每个企业的突破和每一次社会的进步背后，都有创新的影子。创新力是最可贵的一种能力，一个有创新意识的头脑，更是一个企业最宝贵的财富。

然而，一种制度一旦确立下来之后，就会产生惯性。人们会习惯于这种惯性所带来的稳定，选择墨守成规拒绝创新可能带来的风险。这种现象古往今来屡见不鲜：教会坚持地心说，为此迫害诸多科学家，延缓了人类文明的进步；清末中国闭关锁国，技术停滞不前，最终被坚船利炮敲开了大门。

在这个逆水行舟的竞争世界里，不创新就意味着停滞，不前进就意味着要被市场淘汰。对创新者的宽容就是对企业未来的一种把握，而对创新者的惩罚，无异于扼杀企业的前途。

"索尼从不惩罚技术创新失败者，这也是我成为索尼社长的原因。"在位于日本东京品川区的索尼总部，索尼公司总裁兼社长中钵良治一身干练地出现在一群记者面前，当被问及在索尼的 30 年工程师生涯中有过多少失败时，中钵如此回答。

"创新虽然给公司带来了损失，但是长远来看给公司带来了无限的利润。如果让那些勇于创新的人失去了热情，比损失一百亿日元还要可怕。"

"每一次创新都给索尼注入了新鲜的血液，如果因为创新会导致失败而停止创新，索尼这个巨人就会慢慢腐朽。"

正是有了这种包容的精神，日本制造业才能在战后突飞猛进，先后击败了一个个传统制造强国，成了人们心目中质量与科技的结合体。这才有了索尼、东芝、松下这样闻名遐迩的公司。

我们经常看到这样的场景：儿子折了一个好看的折纸，拿到父亲面前，父亲却说："你这有什么用，还不快去写作业。"殊不知，这个父亲的一句话，很可能否定了一位未来的大师。

这样的现象对于一个企业而言并不少见。我们都知道，创新往往意味着要开展大量枯燥的基础工作，而且这种工作在短期内也许不能制造利润，可是以此为借口打压创新，却是对公司长远发展的不负责。坚持旧的制度，维系整个系统的稳定固然是对的，但是不能以牺牲创新来达成目的。

创新力能使一个公司永远保持年轻、保持活力。一个公司如果不能够承担创新带来的风险，必将由盛转衰。所以，不要轻易打击创新者，更不要随意惩罚创新者，这是对企业的现在负责，也是对企业的未来负责。

4. 只奖不罚，只能让更多人不满

追求轻松、规避痛苦是人的本能，也是工作的动力之源。因此，现代管理制度分别引入了奖励和惩罚两种手段，希望能达到一种综合管理的效果。奖励是一种激励性、正面的力量，惩罚是一种约束性、负面的力量，在奖励和惩罚之间的地带，是管理者发挥自己的头脑，展现自己魅力的舞台。

但是，由于现在我们越来越注重"人性化"。在"柔性管理"的大背景下，一些企业管理者过分强调了"柔"而忽视了"刚"，他们只记得重视运用奖励制度，冷落了惩罚制度。具体表现在相对于奖励制度而言，他们手中的惩罚制度运用的数量、方式和力度都相形见绌，有的甚至将惩罚制度变成了一纸空文。这种主动放弃惩罚的做法，实质上是一支管理上的毒剂，日积月累下来危害甚大。

一个团队如果少了惩罚，那么团队赖以生存的纪律性、团结性以及执行力将大打折扣。

浙江台州有一家民营企业，成立之初，和许多民营公司一样，公司的成员多是老板的亲戚。在创业初期，一般都是采用激励的方法，或是用经济手段，或者是表扬。对于迟到早退这样的问题，一般都是睁一眼闭一眼。

但是很快，这种处理方式的弊端就逐渐开始显现。由于公司规模扩大，不得不雇佣员工，而新员工和老员工在对公司制度的执行上是两个标准。老员工消极对待公司态度，依旧沿用初期的办事方法，做事懒散，不思进取。新员工面对老员工的这些做法都颇有微词，但是没有申诉的渠道。当完成业务时，老员工得到的奖励要比新员工多得多，而当老员工触犯公司条例的时候，却仅仅是口头的批评。在这种风气的感染下，新员工有的开始怠工，有的另谋出路选择离开。这样一来，公司始终无法做大做强。

这可以说是很多家族企业的通病，有的人面对此种情况会采取大刀阔斧的改革，比如引入职业经理人，建立规范公司制度。但是更多的人面对这种情况却无能为力，任由其发展。

其实，采用激励性的奖励手段来管理，既符合人性，也符合现代化的管理需求，但这不应该成为只奖不惩的理由，奖励不能以减少或弱化惩罚为前提。事实上，二者完全相辅相成，奖励可以拓宽企业的上限，惩罚则可以弥补企业的短板。

如果只奖不罚，只鼓掌不打"板子"，或是"板子"举而不打，久而久之，就会造成先进无动力，后进无压力，考核无活力的局面。长此以往，企业必会一蹶不振。

5. 做战略最忌讳面面俱到，一定要重点突破

有句老话叫"贪多嚼不烂"，企业刚做大一点时就想跨行业经营，就显得有点贪心了。比如，听别人说房地产赚钱，于是赶紧去开发房地产；听人家说网上开店赚钱，于是又在网上开店；再过几个月，又涉足餐饮业。结果贪多求全，样样都想做，结果一样也没有做深入，最后经营的面铺得太大，最终无

法应付过来。

阿里巴巴的创始人马云曾经说过："做战略最忌讳的是面面俱到，一定要记住重点突破，所有的资源在一点突破，才有可能赢。"他认为，战略第一要素是明白你的客户是谁，第二是你为他们创造了什么样的价值，第三是你怎样把这些价值传递给客户，同时还要考虑你的竞争对手。这就是马云倡导的"重点突破"。

有一段时间房地产行业非常火热，很多企业放弃自己原有的经营项目，跑去炒房，都想分上一杯羹。面对房地产大潮，阿里巴巴毫不理会。有人感到好奇，就问马云："你们为什么不做房地产？做房地产可以扩大你的经营范围，利润非常高啊！"

马云表示，每个人都应该问自己一个问题，那就是在创办企业的时候，企业的出发点是什么？阿里巴巴的出发点就是专心做中国的电子商务，而且要做成世界一流的电子商务。因此，公司的资金储备要留着为电子商务服务，而不能随便拿去炒房。再说了，阿里巴巴做电子商务做了那么多年，也取得了很好的成绩，这表明走这条路是对的，是自己的优势。如果不好好经营自己的优势产业，却做自己不懂的房地产，后果是难以估测的。

所以，2001年，阿里巴巴只是安静地发展自己的产业，以守为攻。马云认为当时阿里巴巴不宜变化太多，以守为好是最好的发展策略，守是练内功，练好了内功，才能强大起来。这一点非常符合"舍"与"得"的理念，在这一理念的背后，看到的是马云的务实精神。

在"舍"的方面，马云曾抵抵挡过很多诱惑。比如，2005年短信很赚钱、网络游戏也起来了，但是马云一直坚持做电子商务。后来，那些靠做短信、网络游戏的公司纷纷倒闭，但阿里巴巴依然还活着，而且越活越。

企业经营者要耐得住寂寞，抵得住诱惑，要认清企业的实力，看清自己的位置，做自己该做的事情，做自己最想做的事情，千万不要试图面面俱到。否则，最后的结果往往是面面不到，甚至是破产倒闭。正如一位成功的企业家说的那样："定位一定要准确，你才能做好。少做就是多做，不要贪多，而要把你擅长的产业做精、做透。"

花旗银行董事长约翰·里德曾经说过："战略越精炼，就越容易被彻底地执行。"看看那些优秀的企业，哪一个不是有着清晰简单的战略？这样才容易执行，而执行力关系到企业的竞争力，关系到企业的命运。

6. 防止员工在制度上投机取巧

投机取巧是人性的弱点之一，人都希望付出少回报多，都希望得到一时便利，其情可以理解。但是可以理解，不等于可以原谅。当发现员工在制度执行上投机取巧时，身为管理者的你必须严肃地处理，坚决维护制度的威信，维护企业的良好秩序。

要知道，员工在工作中投机取巧，短期来看对他自己有利，但长期来看，对公司、对他自己都是有害的，会在他的心灵里埋下隐患，使其变得懒惰，变得不走正道，还会使其人品大打折扣。因此，管理者应该及时制止员工投机取巧的行为。

某公司业务员小周非常聪明，脑子很灵活，但做事不够踏实，经常动歪脑子走"捷径"。他在公司负责某地区的业务工作，但他很少出门见客户，他也很少给客户打电话。这些做法与公司的销售制度都是相悖的，公司制度明确规定，销售员每周要花两天时间接见客户，其他时间给客户打电话，听取客户的反馈意见。

领导曾经针对他不爱出去见客户，不爱给客户打电话这个问题与他沟通过，但是他的自我感觉良好，而且振振有词地说："营销的最佳手段就是给客户实惠，关键时候，只要我打点到位，单子就一定能拿下。"

不久，小周负责的地区有个学校招标，有100多万的实洋，他终于走出了公司前去拜访校长和馆长。然而，他们与小周一点都不熟，根本不愿意接见小周。好不容易见了面，但是他们对小周不冷不热，小周开门见山地提出给他们"好处费"，但他们坚决不收，最后，公司在该项目上没有中标。

事后，领导和小周分析此事时，小周还在为自己争辩。领导非常生气，最后以小周不执行公司的营销制度为由将小周辞退。

对于投机取巧的员工，管理者首先要做好员工的思想工作，在肯定员工优点的同时，指出员工投机取巧的危害性，使员工认识到其中的利弊，促使其改正不良行为。其次，管理者可以让员工自己去"撞一次南墙"，让他交点学费，吸取教训，促其觉悟。上面案例中的领导就是这么做的，但是员工小周并未觉悟，公司才决定将其辞退。如果员工撞了南墙后觉醒了，那么公司不妨再给他一次机会，相信他会有所进步。

值得注意的是，员工投机取巧固然不对，但管理者有必要做好自己该做的工作，尽可能不给员工投机取巧的机会。比如，在布置任务时要选准人、交代清楚任务；对员工要坚持高标准、严要求，监督到位，发现问题及时纠正，必要时可以"敲打两下"予以警示。对于员工表现好的地方予以奖励，表现不好的地方予以批评，该追究责任要追究责任，坚持赏罚分明。这些做法在很大程度上都能减少或防止员工投机取巧。

7. 有些矛盾冷处理更好

员工之间发生矛盾时，管理者作为最佳的评理者，往往会被员工寄予厚望。然而，当情绪激动的矛盾双方找到你时，你该怎么处理这对矛盾呢？当他们公说公有理、婆说婆有理时，你该相信谁呢？有些管理者在没有了解清楚矛盾之前，就轻率地做出裁决，结果没有化解矛盾，反而得罪员工，把矛盾扩大了。对于这种情况，你一定要避免。

赵老板和胡老板各自经营了一家公司，他们既是生意上的伙伴，也是生活中的朋友。一天，胡老板打电话给赵老板，叫他出来喝酒。见面后，胡老板一脸郁闷，赵老板一问才知道，原来胡老板在公司里没有处理好两个员工的矛盾，结果得罪了其中一位员工，对方一气之下递交了辞职书。而这位员工是公司的业务骨干，一直深受胡老板的器重。胡老板向赵老板请教如何挽留这名员工，又请教了如何处理员工之间的矛盾。

对此，赵老板是这样回答的："每当员工怒气冲冲地来我这里告状时，我都会像接待重要人物一样对待他。我先请他坐下，让他感受到尊重，然后给他倒一杯茶，尽量使他心平气和。等他情绪稍微平静时，我再让他讲述所遇到的麻烦，然后我从头听到尾，从不打断。领导能够以同情之心听他诉苦，会让员工感到很受安慰。当他讲完之后，我会对他的心情表示理解，我会说如果我在他的位置上，我也会有他那样的感受。说完这句话，他的气往往消了一大半。接着，我问他需要我做什么，对方往往大吃一惊地说，老板，我只是诉诉苦，没想让你帮我做什么，你能听我诉苦，我已经很满意了。"

赵老板停顿了一会儿说："说实在的，我感觉处理员工之间的矛盾很容易，那就是竖起两只耳朵认真地听，听完之后问员工需要我帮他做什么，如果他告诉我需要什么帮助，我能做的就帮他做，就这么简单。"

听完赵老板的话，胡老板不由得竖起了大拇指。

赵老板的这番话，值得每一位管理者牢记于心，因为这是处理员工之间矛盾的金玉良言。从他的话中，我们可以总结出处理员工之间矛盾的要点：一是倾听，二是理解。而倾听与理解的过程，就是冷处理员工之间的矛盾的过程，经过这个过程，员工的怨气消了一大半。

需要补充的是，在听完员工的诉苦之后，管理者有必要给员工几句善意的提醒和引导，使其更加理智地处理与同事之间的矛盾。需要记住的是，管理者千万不要随便插足员工之间的矛盾，更不能因私人关系而偏向某一位员工，否则，只会激怒矛盾的另一方，使矛盾越来越大。

8. 和风细雨不一定就不能解决问题

有些管理者发现员工出了问题之后，往往会生气、发火，带着愤怒的情绪批评员工。随着一阵"暴风骤雨"，问题解决了，管理者的情绪也得到了宣泄，但员工却被"淋得全身湿透"，而且是"透心凉"。员工感到很沮丧，因为他们的自尊心受伤了，同时他们会对管理者产生怨气，这种不良情绪对接下来的工作会造成不良的影响。

有人不禁要问：难道解决问题非得用狂风骤雨的方式吗，和风细雨就不行吗？如果换一种方式解决问题，问题解决了，员工的自尊心又得到了保护，那不是皆大欢喜吗？在这方面有个经典案例：

多年以前，卡耐基的侄女约瑟芬离开堪萨斯城的家，来到纽约做他的秘书。当时约瑟芬只有 19 岁，办事经验十分欠缺。有一次，卡耐基发现约瑟芬犯了几个常识性的错误，觉得这种错误是不可思议的，就在他准备严厉批评约瑟芬时，他这样提醒自己："慢着，且等一等，戴尔·卡耐基……你的年纪比约瑟芬大一倍，你处世的经验也高过她一万倍。你怎么能希望她具有你的观点、你的判断力、你的见解呢？戴尔·卡耐基在你 19 岁的时候，你做了些什么？记得你那笨拙、愚蠢的错误吗？"

当卡耐基认真地思考这些后，他发现约瑟芬的表现比当年的自己强多了。所以，从那以后，她发现约瑟芬的错误时，总是这样温和地提醒她："约瑟芬，你犯了一点错，可是老天爷知道，你并不比我所犯的错误更糟……如果你照这样去做，你想不是更聪明一点吗？"

不管是对其他人，还是对你的下属，暴跳如雷的批评或斥责都会让他被负面情绪笼罩。这种破坏性的批评不仅不利于解决问题，反而会打击员工的士气，伤害员工的自尊心。因此，解决问题时要学会用和风细雨的方式，要像暖风拂面一样让人心悦诚服，这才是最高明的管理之道。

美国天普大学的心理学副教授 Michael 告诫管理者们："当你生气时，你会觉得大发雷霆是应该的。比如，员工没有按时完成任务，你认为是他不努力造成的，于是你恶狠狠地批评他。然而，如果你换一种思维想一想，你可能会发现，员工没有按时完成工作是因为他的孩子生病了、因为他身体不舒服、因为工作量太大了等等，解决问题的关键应该是找出原因，而不是想当然地怒吼。"

Michael 教授的告诫值得每一位管理者去深思，在遇到问题的时候，多冷静地思考原因，少先入为主地臆断，这是能够做到和风细雨地解决问题的关键，也是赢得员工信任和尊敬的良方。

9. 要平等，但不要平起平坐

在公司里，老板与员工只有职位的不同，没有人格的高低贵贱之分。但是不少老板没有意识到这一点，他们有意无意地摆架子，以显得自己高人一等，似乎在刻意制造所谓的"威严""威信"。结果导致员工与老板之间有了层级分明的距离感，老板在员工心目中没有亲和力，这样很容易影响员工与老板的交流。

真正高明的老板懂得与员工打成一片，他们知道，与员工打成一片之后，便于充分了解他们的想法，可以更方便地沟通，这样既可以培养大家的感情，又可以营造平等的公司氛围，给大家一种人文关怀，从而激励员工更积极地对待工作。在这方面，索尼公司的创始人盛田昭夫做得非常到位。

索尼公司是世界知名企业，公司的最高领导者盛田昭夫，能够放下架子和员工平等相处，表现出极好的亲和力。盛田昭夫喜欢和员工接触，他经常到各个部门走动，了解具体情况，争取有更多与员工沟通的机会。他还有一个习惯，那就是每天中午和基层员工一起吃午餐。在吃饭的时候，与员工轻松随意地交谈，以便第一时间了解员工对公司制度、待遇等方面的看法和感受，进而迅速出台更加合理、更加人性化的管理策略。

一天中午，盛田昭夫照例和员工一起吃午饭。席间大家有说有笑，但细心的他观察到有名员工闷闷不乐。后来经过一番了解，得知该员工对他的直接上司不满，因为他的直接上司是个草包，对新来的员工横挑鼻子竖挑眼，喜欢把下属的功劳占为己有，把自己的过失推给下属。得知这一情况后，盛田昭夫很快就召开了董事会，讨论人事制度改革方案，以便给踏实肯干的员工提供更多施展才华和晋升的机会。后来，那位员工成了公司的一名中层领导。

在盛田昭夫看来，管理不是独裁，管理者应该和员工平等相处，因为员工是公司最重要的人。他曾说过："在日本人的劳工关系里，有一种罕见的平等相处的作风，在索尼公司里，白领与蓝领阶级罕有区别。如果某人是一名成功的劳工领袖，我们就希望他能加入管理阶层。"

企业领导者与下属和员工亲切友善地相处，对他们表现出亲切随和、笑容可掬的态度，可以让员工感受到领导者的人情味，从而更加努力地为公司效劳。在这样的企业里，上下沟通顺畅，工作氛围轻松活泼，对企业的发展是十分有利的。

国外有些大公司为了营造公平、平等的企业文化，公司经理、董事长在工作时间同工人穿一样的工作服，一起干活，下班之后一起到酒吧喝酒聊天，他们甚至取消了经理、董事和其他高级管理者的专用洗手间、专用餐厅等。他们尽可能多地与员工交谈、争论，有时候和工人们一起摆弄有故障的机器。

10. 和谐管理绝不是讨好员工

什么叫"和谐管理"？所谓和谐管理，其实是指管理者的和谐心态。当管理者处于紧张的竞争氛围中和不良的环境里时，首先应该学会自我超越，用平常心和愉快的心情去管理企业。

和谐管理还指管理者与下属之间的关系保持和谐，即看人、识人、选人、用人、育人、管人、容人、留人等方面，能够做到从容有序、随机应变、得心应手，取得一个又一个的成功。和谐管理更是指管理者对人做到人尽其才，对物做到物尽其用。

在《庄子》中，子舆是一个有很多缺陷的人，他不但驼背，还隆肩，而且脖颈朝天。换做很多人，如果有这样的缺陷，或许会很自卑。但是当朋友问子舆是否讨厌自己的样子时，子舆却回答说："不，我为什么要讨厌自己的样子呢？"

子舆的态度是，如果上天让他的左臂变成一只鸡，他就用它在凌晨来报晓；如果上天让他的右臂变成弹弓，他就用它去打斑鸠烤了吃；如果上天让他的尾椎骨变成车轮，精神变成了马，他便乘着它遨游世界。

子舆说："上天赋予我的一切，都可以充分使用，为什么要讨厌它呢？得，是时机；失，是变化。安于时机而顺应变化，所以哀怨不会入侵我心中。"

作为管理者，如果你能让你的下属像子舆一样坦然地接受你的命令，服从你的安排，充满喜悦地去对待工作，让他们顺应变化的条件发挥自己的独特才能，那么下属的劣势也能转化为优势，这就是和谐管理。和谐管理既指人与外界环境的和谐相处，也指上下级之间的和谐相处。

某企业的一名员工的父亲遭遇了车祸，受重伤住院。他的家庭很贫困，而他刚工作没多久，没有什么储蓄，无法支付几万元的医疗费。就在这名员工犯难时，公司得知这一情况，果断地拿出 5 万元钱借给他，并根据他在工作中的良好表现，特批给他半个月的假。员工十分感动，回家照顾父亲，处理好一切事务后，他立即赶回来上班。他说："公司就像家庭一样温暖，我一定努力学习操作技术，为公司创造更多的价值，这样才对得起'家人'。"

对员工实施亲情化管理来营造和谐的气氛，并非刻意讨好员工，事实上也是为了企业着想。试想一下，如果员工家里出事了，管理者却不通人性，不准假、不帮忙，员工是不是会觉得寒心呢？就算你把他强留在工作岗位上，他也无法静下心来工作，又怎样为公司创造价值呢？而当企业帮助了员工，赢得了员工的感激，员工会以数十倍的激情对待工作，回报企业的恩情，这样不是更好？所以，关心帮助员工，让员工与企业关系更加和谐，这种做法对企业和员工双方皆是有利的。

11. 不要喂得太饱，否则他们就没有了奔跑的欲望

领导者不只应该懂得用感情投资笼络人心，更应该学会用"利益"打动下属。

在用"利益"笼络人心时，领导者要牢记一点，如果你一次给足了下属好的待遇、奖励，并且今后没有改善和提高，那么下属就容易产生怨恨，甚至会消极怠工。因此，正确的做法是逐渐改善下属的待遇，一步步笼络下属的心，这更能激发下属的感恩之心。

有人把员工比作马戏团里的猴子。工作人员为了让猴子配合自己，取悦于大众，他们往往会用一些猴子爱吃的食物作为诱饵，以激励猴子的积极性。在训练之前，工作人员会给猴子喂食，但是不会喂得太饱，因为喂得太饱了，猴子就没有了表演的欲望了；喂得太饱，"诱饵"对猴子就失去了诱惑力。

通俗地讲，给下属好处不要一次给足，而要结合下属的心

理需求，分期给他好处，最大限度地激发他的积极性。站在下属的角度，一次性获得领导给予的甜头，很容易吃得太饱，变得不思进取，而细水长流的好处，则可以让下属一直在激励中努力工作。

给得好，不如给得巧。在给下属好处时，一定要抓住时机。举个例子，下属手头宽裕的时候，你奖励他几百块钱，他可能不放在心上。如果下属急需用钱时，你奖励他几百块钱，或暗地里塞给他一个红包，他可能会对你感激涕零。这就是雪中送炭的威力。所以，管理者要多了解下属的心理，下属想要什么，你就适当满足他什么。

12. 不要轻易许诺，难以实现的诺言比谣言更可怕

实现诺言对于一个公司来说其实就是按制度办事，公司制度就是公司对员工的一个承诺。它承诺员工能够按制度办事，就能得到相应的报酬，否则，就要接受应有的惩罚。然而，不是所有的公司都能按制度办事，不是所有的诺言都能实现。无法实现的诺言将会导致人心的涣散和企业的全盘崩溃。

谣言四起会使人心惶惶，会使企业的日常生产陷入一时的混乱。但是，谣言毕竟是谣言，终有一天会被真相打败，员工会从慌乱中走出重新振作。而无法实现的诺言却会让企业制度的权威消失，让员工不再信任企业，让领导者置身于赤裸裸的雇佣关系之中，让企业变成利益第一的冰冷世界。

企业对员工的诺言是员工积极性的源泉。他们相信按照企

业制度办事，自己只要努力就能有沉甸甸的收获。他们十分向往这份收获，付出全部的真心只为得到这份收获。而当企业的管理者并不按照制度办事，无法实现对员工的诺言时，员工的心灵就会受到伤害，对企业的归属感就会消失，工作的积极性也会降低。

在我国许昌市有一家叫胖东来的超市，它几乎垄断了市区的超市行业。倘若它停止营业一天，百分之八十的市民将没有饭吃。它在该市的日营业额甚至超过了丹尼斯、沃尔玛等全球连锁的超市。这样一个地方性的超市怎么就有如此辉煌的成功呢？这要从该超市的文化说起。该市市民总是说，如果你在许昌街上看到从不闯红灯的人，那他一定是胖东来的员工。是的，胖东来超市一直以信守承诺要求每一位工作人员。不论在多么困难的情况下，超市领导者总能按时发放员工工资和奖金，对员工的任何承诺从来不会打折扣，而员工在领导者的激励下总能百分之百地完成分内的工作。所以，这家超市的工作总是井井有条，很少出现差错，从来没有接到过市民的投诉。

员工把按规则办事的要求拓展到生活的各个方面，赢得市民的一片好评。胖东来的管理者注重对诺言的实现，不但提高了超市的运作效率，更提升了员工的个人素质。人格的力量是无穷的，员工的高素质是胖东来深受市民追捧的关键。

任何企业都必须重视制度的执行，这是承诺问题。很多企业不重视制度的执行，对管理工作得过且过，虽然能够得到一时的利益，但会失去员工与合作者的信任。总是能兑现承诺的领导者会成为员工的亲人、合作者的朋友，伸向它的不会是讨要报酬的大手，而是一只只热情的、能帮助成功的有力臂膀。

13. 不一定每个岗位都要用最强的人

看过 NBA 篮球赛的人都知道，NBA 有 30 支球队，没有一支球队在各个位置上的球员都是最强的。即便每年夺得总冠军的球队，其各个位置上的球员也不是最强的。可能有人会问：为什么不组建一支全明星球队呢，这样不就十拿九稳夺得总冠军吗？

这个想法很好，但它有几个问题：首先，组建全明星球队，要付出高昂的成本。其次，打篮球并不是"最佳球员 + 最佳球员 = 最佳战绩"的运动，因为它涉及球场上的配合。因此，全明星球队也不一定去的最佳战绩，不一定能夺得总冠军。

要想夺得总冠军，并不一定要让每个位置上的球员都是最强的，只要最关键的位置上用最强的人，有"进攻尖兵"，有"防守大盾"，再配上中等的球员，球队一样能取得好成绩，甚至夺得总冠军。比如，当年"科比 + 奥尼尔"组合，连夺 3 个总决赛冠军，就是最好的说明。

企业用人与 NBA 球队用人的道理是一样的，不一定每个岗位上都用最强的人。日本"经营之神"松下幸之助就是这么认为的，他说："不一定每个岗位都必须选择一个非常精明能干的人来担任。"这在常人来看是很难理解的。

松下幸之助的解释是："如果把 10 个自认为一流的优秀人才集中到一起做事，每个人都有他坚定的主张，也就是 10 个人有 10 种不同的主张，最后根本无法决断出一个结果，计划就无法推动。10 个人中只要有一两个杰出人物即可，其余的可能是平凡者，事情反而得以顺利进行，因为其他人会心悦诚服地遵从那一两个才智出众的领导者。"

现实中很多例子可以证明松下幸之助的观点，比如，有些公司拥有很多一流的大学毕业、资历很出众的人才，按常理来说，这些公司应该发展得很好。可实际上，某些由二流人才组成的公司，干出的业绩比一流人才组建的公司更好。因为都是高材生、都是人才，一旦没有配合好，大家各有各的想法谁都不服谁，结果造成企业内耗，反而会阻碍企业的发展。

相比之下，我们看看西天取经的团队——唐僧、孙悟空、猪八戒、沙和尚，在四人中唐僧算得上是优秀的领导者，孙悟空是一流的人才，而猪八戒和沙和尚，只能算得上二流的人才，但是他们四人搭配在一起，却成功战胜了取经路上的妖魔鬼怪，克服了重重困难，最终成功取得真经。由此可见，知识水平、能力才华不同的人才搭配在一起可以让企业蓬勃发展。当然，其中重要的条件是要有英明的领导者。

14. 不要把自己的意见强加于人

有一则笑话，值得每一位管理者玩味：

一位眼科医生为病人配眼镜的时候，把自己的眼睛取下来，给病人试戴，理由是："这个眼镜我戴了 10 年，效果很好，送给你吧，反正我家还有一副眼镜。"

病人委婉地拒绝了，但医生却坚持把眼镜送给他，还说："我戴得很好，送给你了，白给的你还不要啊？"

病人说："我不习惯戴别人戴过的眼镜，我还是自己买个新眼镜吧！"

医生不高兴地说："算了算了，真是好心当做驴肝肺。"

这则笑话揭露了许多管理者一个共同的缺点——喜欢把自己的意见强加于人，把自己认为好的想法加强给员工，让员工认同他们的想法。这与推销员向不需要产品的顾客推销是一样的道理，如果你是顾客，你被强硬推销，你会有何种感受呢？

身为管理者，你一定希望自己的观点赢得认同，得到理解和支持，但怎样才能让员工认同呢？最关键的是你的观点有道理，而且对解决实际问题有效。如果你的观点不具备这样的特点，那么你硬是对员工说："我的观点很好对不对，对不对？对不对……"只会引起员工的反感，或者员工为了避免被你纠缠而说假话："是啊，你的观点很好，你的想法很不错。"但这种口是心非的附和是没有意义的。

当然，如果你的想法不错，而且对解决问题有效果，同时说服别人的方式让人感到很舒服，那么你就很容易赢得别人的认同，达到你想要的目的。在这方面有一个案例典型的案例：

纽约一家大医院需要新添一套 X 光设备，很多厂商得知这个消息，纷纷慕名而来，向医院负责采购的罗伯森医生推销产品，罗伯森医生非常烦恼。制造厂商 A 也派员工去推销产品了，但是失望而归。A 公司的销售经理决定亲自出马，他采取了一种与众不同的方式去推销。

销售经理给罗伯森医生写了一封信，信的内容大概是：我们厂最近生产了一套最先进的 X 光设备，前不久才运到公司来。由于这套设备比较先进，大家都不知道它是否尽善尽美，因此，他希望罗伯森医生起来观摩，看这台设备是否有不足之处。

销售经理在信中还很礼貌地说："为了不耽误你宝贵的时间，明天我开车来接你来我们公司。"

罗伯森医生看完信后，感到非常惊讶，因为以前从来没有厂商咨询过他的意见，所以这封信让他感到了自己的重要性。虽然第二天他很忙，但是他依然放下手头的工作，去了那家公司观摩设备。观摩之后，他发现那套设备并没有什么特别之处，与市场上大多数设备差不多。于是他想，买别人的设备也是买，何不买下这套设备呢。就这样，他向医院建议买下那整套设备。

销售经理没有将自己的观点强加于罗伯森医生，而是以一种请教的口吻，邀请他前去观摩，表现了对他十分重视。这一做法赢得了罗伯森医生的好感，最终罗伯森医生认同了他们厂的产品，他成功实现了自己的推销目的。这个案例告诉我们，与其强迫别人认同你的观点、接受你的意见，不如换一种态度，巧妙地说服别人，这样才能在不动声色之中提升你的影响力。

15. 说到做到，绝对不能开空头支票

说到做到是一种决断、一种人格魅力的体现。人无信不立，语言上的巨人，行动上的矮子招来的只能是讥笑。一味地

言而无信，只能被人当作小丑看待。《史记》中说道："得黄金百，不如得季布一诺。"说的就是诚信的无价。

企业只有言出必行，才会有勇夫敢于站出来。长期失信的结果，就是即使许下了重赏，人们也只认为是镜中月、水中花，不会当真。

当贝索斯在董事会宣布亚马逊决定大幅削减商品价格，并对订购金额超过 25 美元的订单实行免邮费的政策后，所有人都觉得这是一个疯狂的决定，这意味着公司将为此支付巨大的开支，当这个政策实行的时候，所有人都认为这只是亚马逊公司的一个噱头，大家一直在等待这场闹剧的结束。

但是贝索斯接下来的行为更让人目瞪口呆，他宣布亚马逊将会继续在邮费上进行优惠。业内人士和消费者都觉得这是不可能的。贝索斯很快又推出了"亚马逊免邮费"计划：为顾客提供全年 7 美元无限次次日送达的配送服务。无论说这是宣传策略也好，一时之计也好，亚马逊确实把更多的钱留在了顾客的口袋里。贝索斯没有食言，即使这意味着巨额的花费。

日本管理学家秋尾森田说过："不守信用的人如同酩酊大醉的酒鬼，满嘴都是胡言乱语。这样的人最后只能引来怀疑和嘲笑。即使他清醒过来，也不会有太大的改变。"事实也证明了贝索斯的决定是正确的。亚马逊已发展近 20 年，数以亿计的消费者成为它的忠实顾客。密歇根大学在 2007 年年底对数百家美国企业所做的顾客满意度调查中，亚马逊高居榜首。

说到做到体现的是一种诚信和信誉。有了这一点，个人才能在社会上立足，领导者才能才团队中建立威信。《论语》提出了"言而无信，不知其可也"的观点，意思是一个人如果不遵守自己的诺言，违背了契约，就不能赢得大家的认可，最后连立身之地都没有了。因此，领导人不能轻易许诺，一旦说了就要确保去实现。否则，你必将失信于人，最后会丧失领导权威。

我们经常碰到这种情况：领导说加完班有奖励，但是没有；主管说完成这个大单就会有旅游，但是没有；上司说会升职加薪，但是没有。对此，一般员工往往是无可奈何，敢怒不敢言。这样做长期的后果，就是没人再有动力继续为公司服务。

这种松散的制度会让我们在日常生活和工作中做出很多承诺，由于是口头的，所以即使违背也无法追责。这最终导致的是个人或者企业公信力的缺失。

16. 让所有人都成为赢家，而不是利益独占

很多企业的最终目的是什么？通俗地讲就是"挣钱"。其实每个人心中都有一种朴素的想法：别人得到了，我就得不到了。然而事实真的是这样吗？

安踏创始人丁志忠曾经提出过"49%理论"，这个理论来自他的父亲。父亲教导他：做每件事情要让别人占51%的好

处，自己永远只要 49%。丁志忠最初不能理解，这不是明摆着吃亏吗，哪有这样做生意的？后来他慢慢理解了：这样做看起来是暂时吃亏，但他却赢得了客户的长期合作。让客户更加认同、更加尊重、更加信任。

古语云："合则两利，分则两伤。"这就意味着，如果你不能对自己的利益有所让步，那么必定没有合作的空间。两只刺猬靠得太近，只能彼此都受伤。一心想着独占所有的好处，最后往往是什么好处也得不到。佛教六道轮回中，有一道被称作"饿鬼道"，里面的饿鬼有着极大的肚子和极细的喉咙，他们想吃掉一切，最终却什么也吃不到。

创立台塑集团后，王永庆对待跟自己打天下的人非常用心。他始终坚持的目标，是让大家得到应有的回报和福利。不止同患难，更要共富贵。当他得知有主管得了呼吸道疾病时，他主动打电话问候。同时联系最好的医院安排该主管治疗。王永庆明白打拼的不易，也懂得人才付出之后应该得到应有的回报。他把对员工的关爱融入切实的关怀之中，而不仅仅只是口头支票。

王永庆不仅仅以商业的理念来经营公司，更以一颗仁慈的心来经营。他知道企业是一个个有血有肉的人组成，台塑的战斗力和凝聚力来源于此。让所有人收益，就是让整个企业收益。所以我们不难理解王永庆去世后，台塑为何有那么多老员工在他的灵堂前失声痛哭。这些老员工缅怀的是王永庆那一颗让所有人受益的心。

《史记·货殖列传》有云："天下熙熙，皆为利来；天下攘攘，皆为利往。"逐利是人的本性，但我们往往被眼前的利益冲昏了头脑。这个世界上的财富很多，比你所能看到甚至想到的更多。团结一心，才能共赢。

随着全球化的进一步发展，每个人的利益交汇也越来越密切，大家相互依存，谁也离不开谁，这是一种普遍的形势。我们不能再用"我兴你衰""零和博弈"等思维来看世界、看周围的人。